THIS COLORING BOOK BELONGS TO

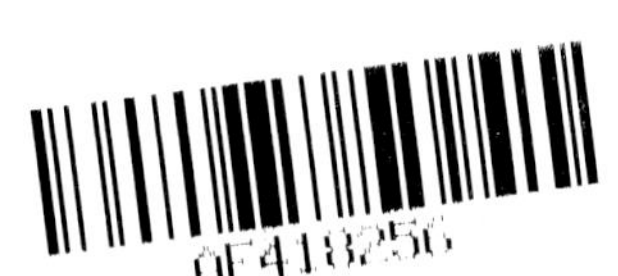

- - - - - - - - - - -

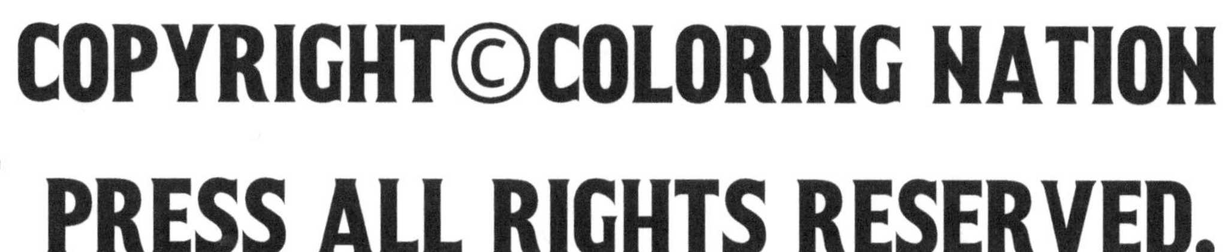

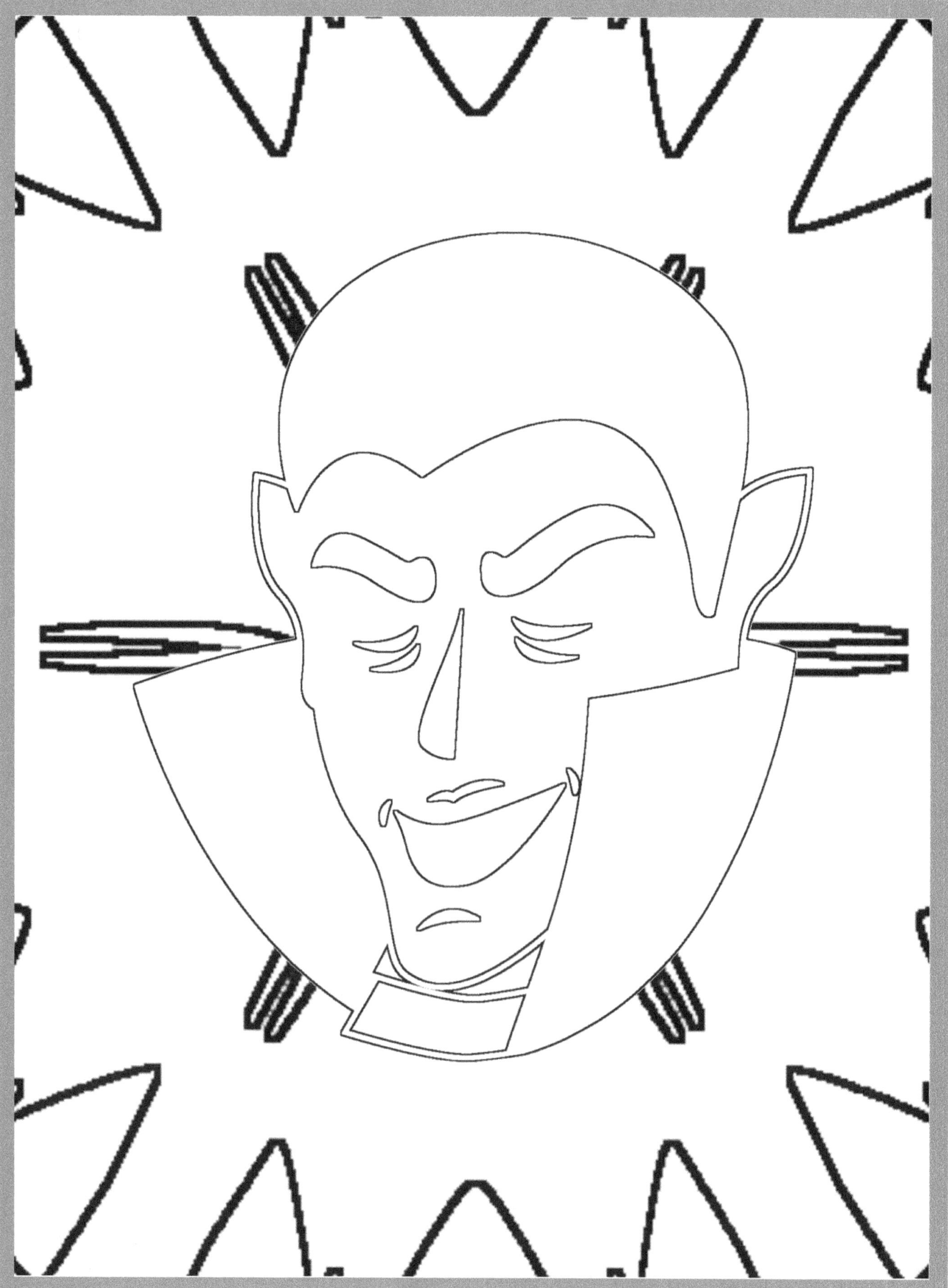

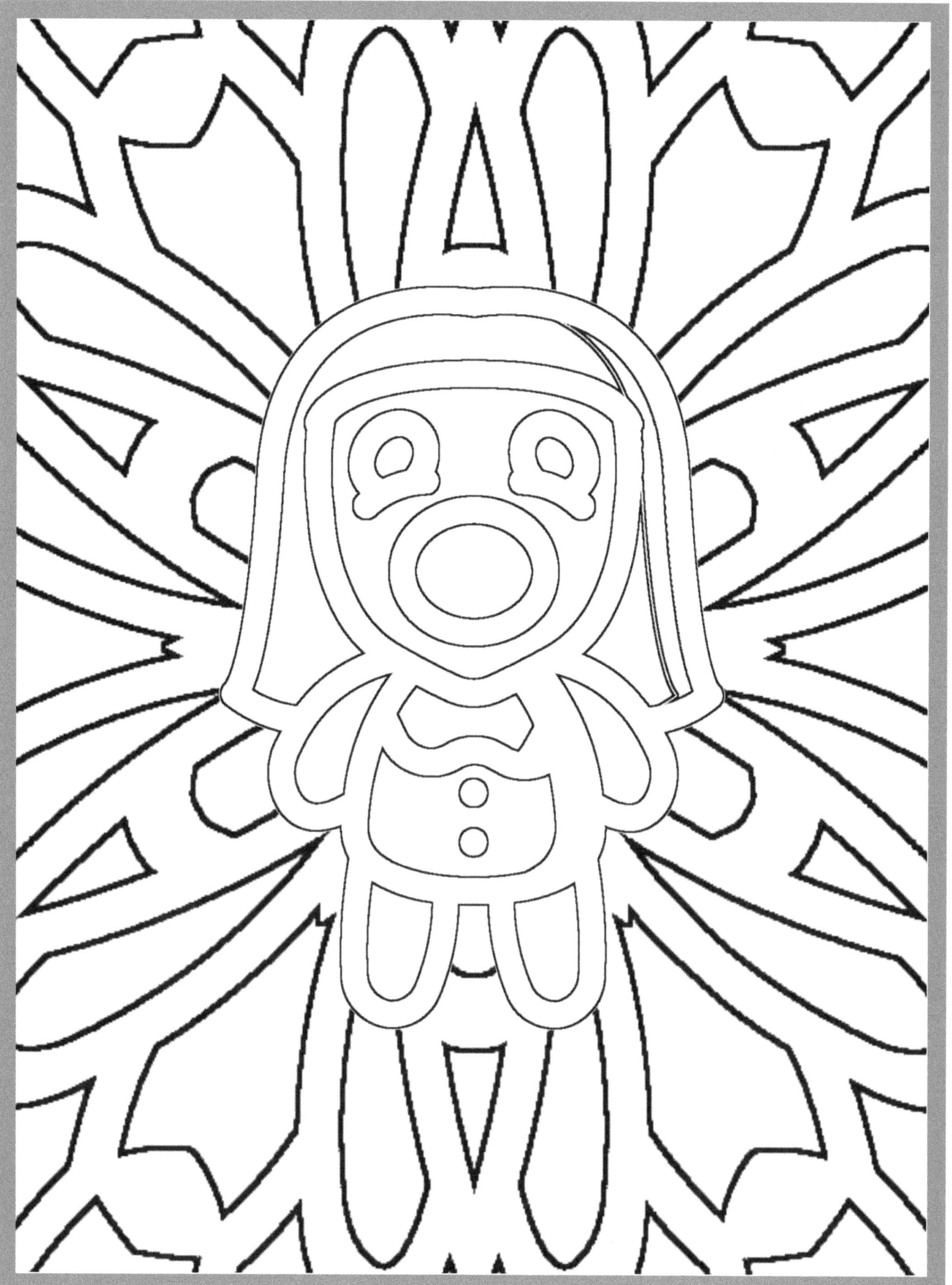

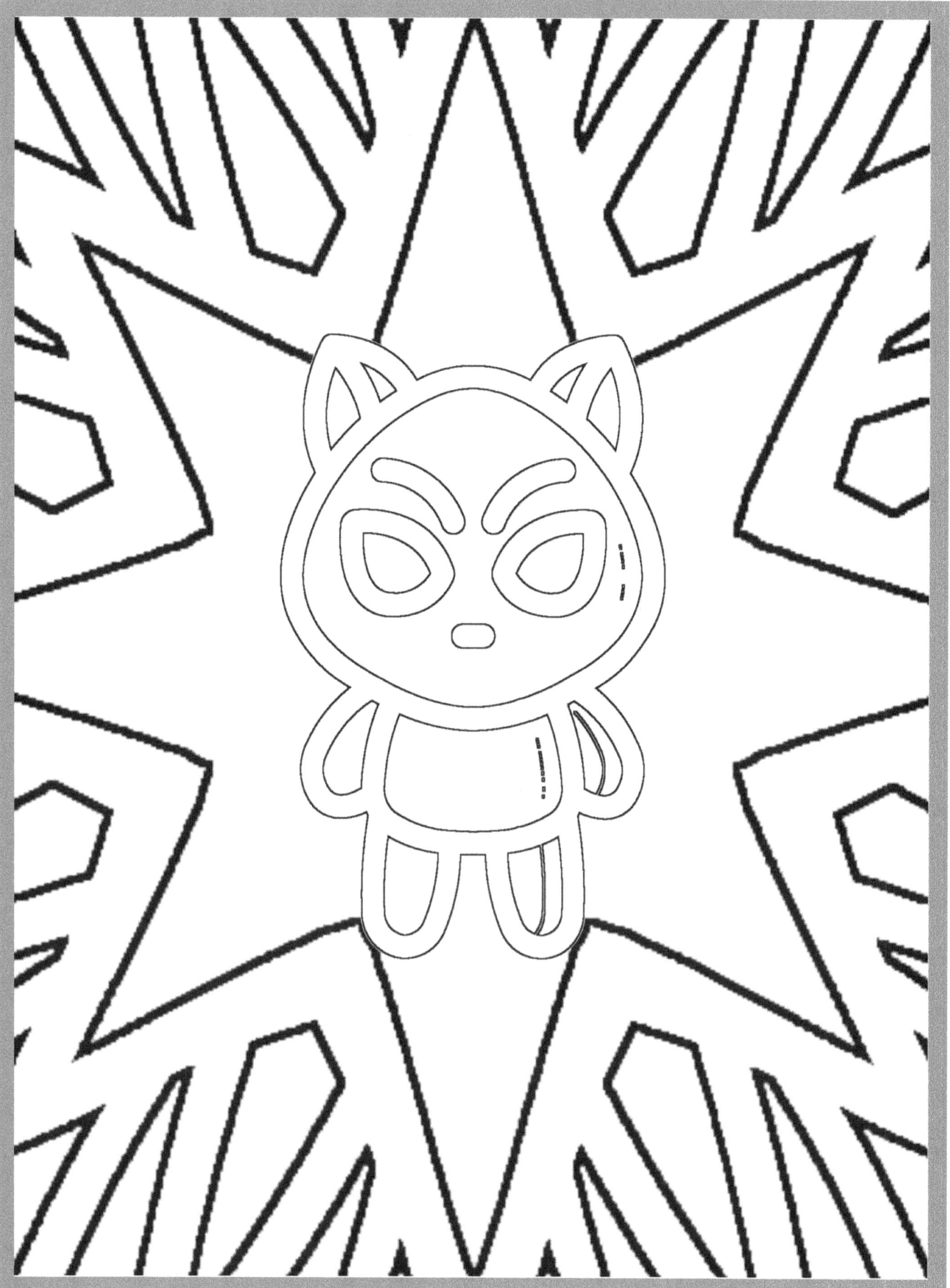

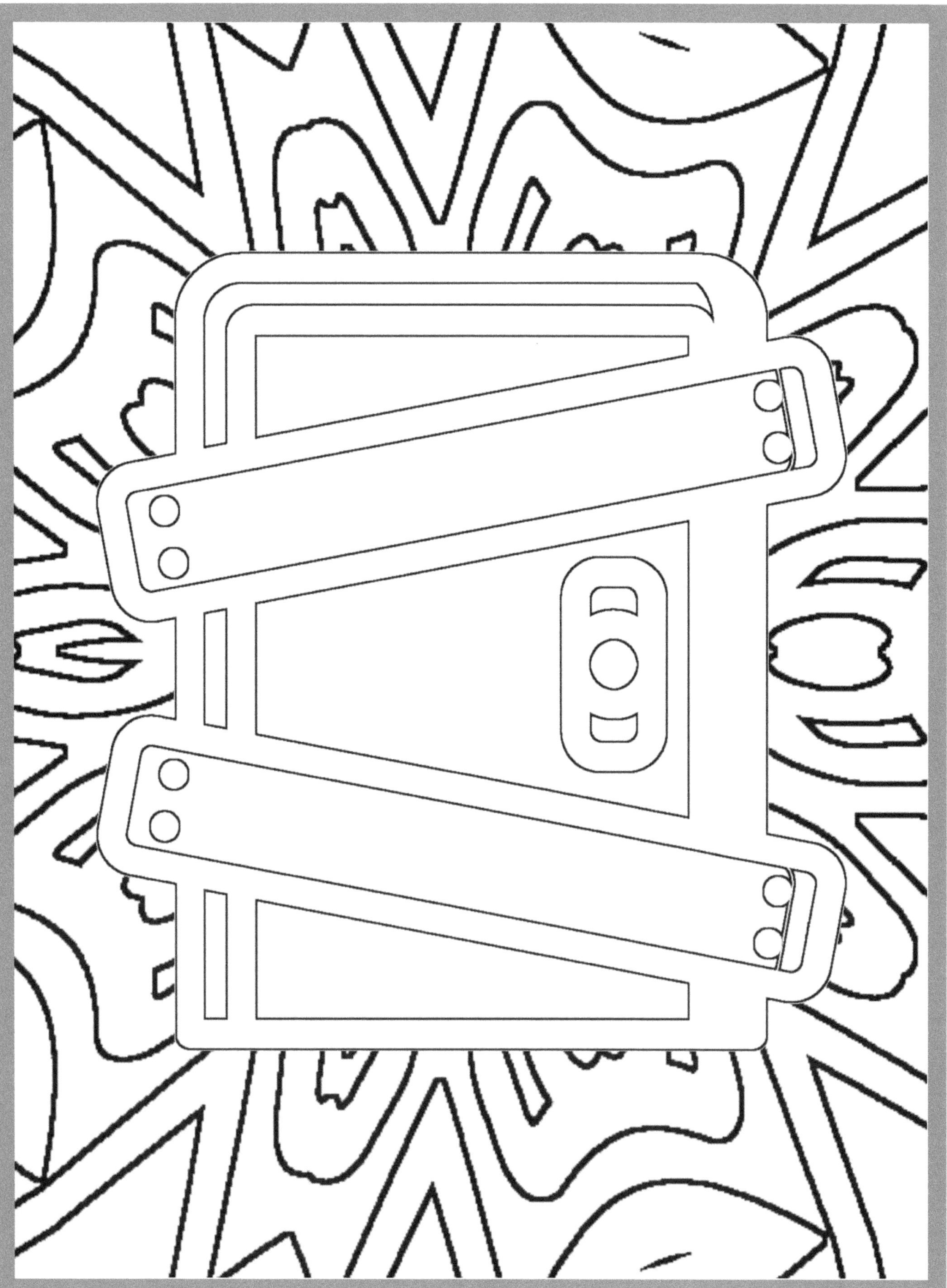

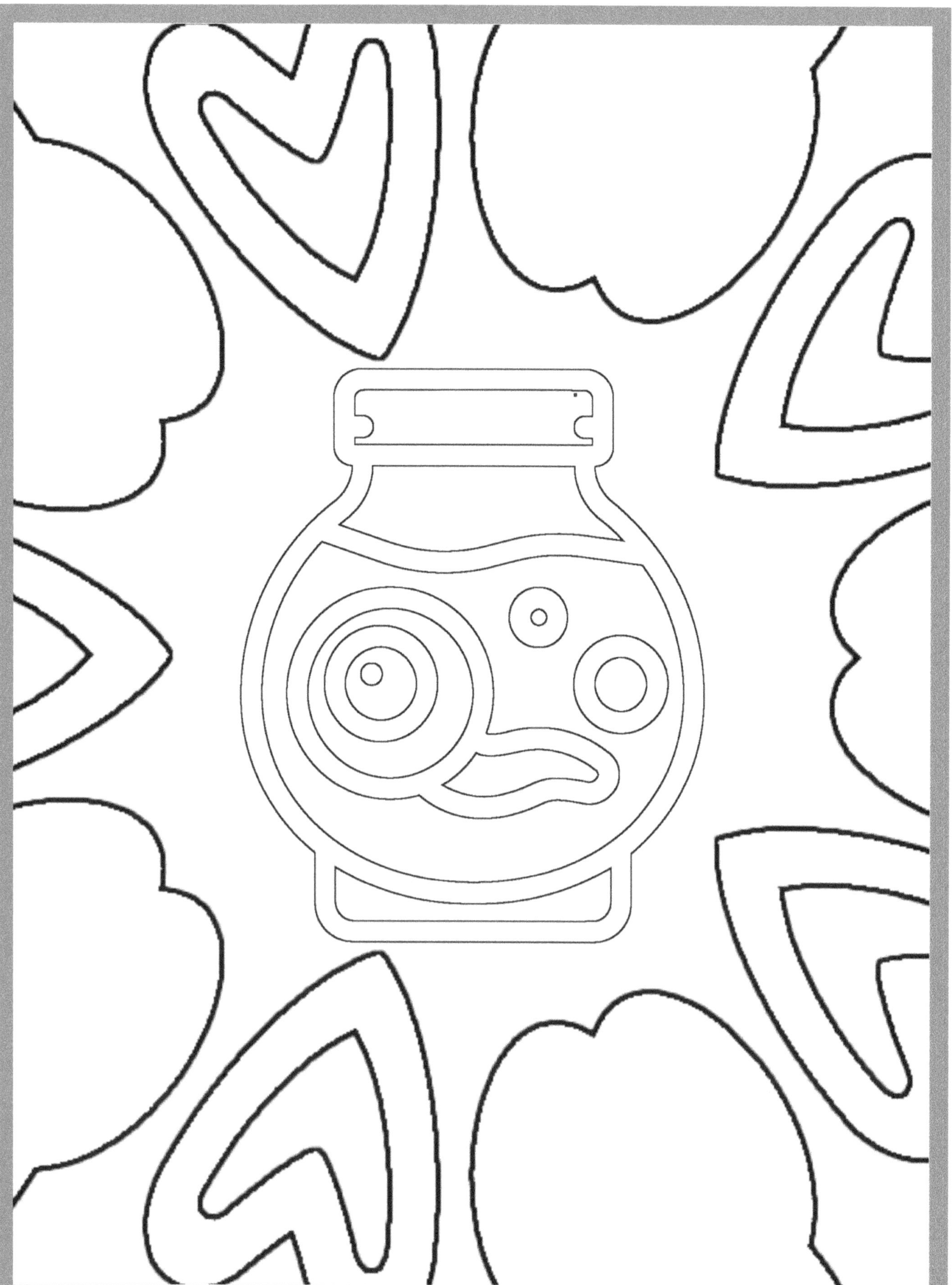

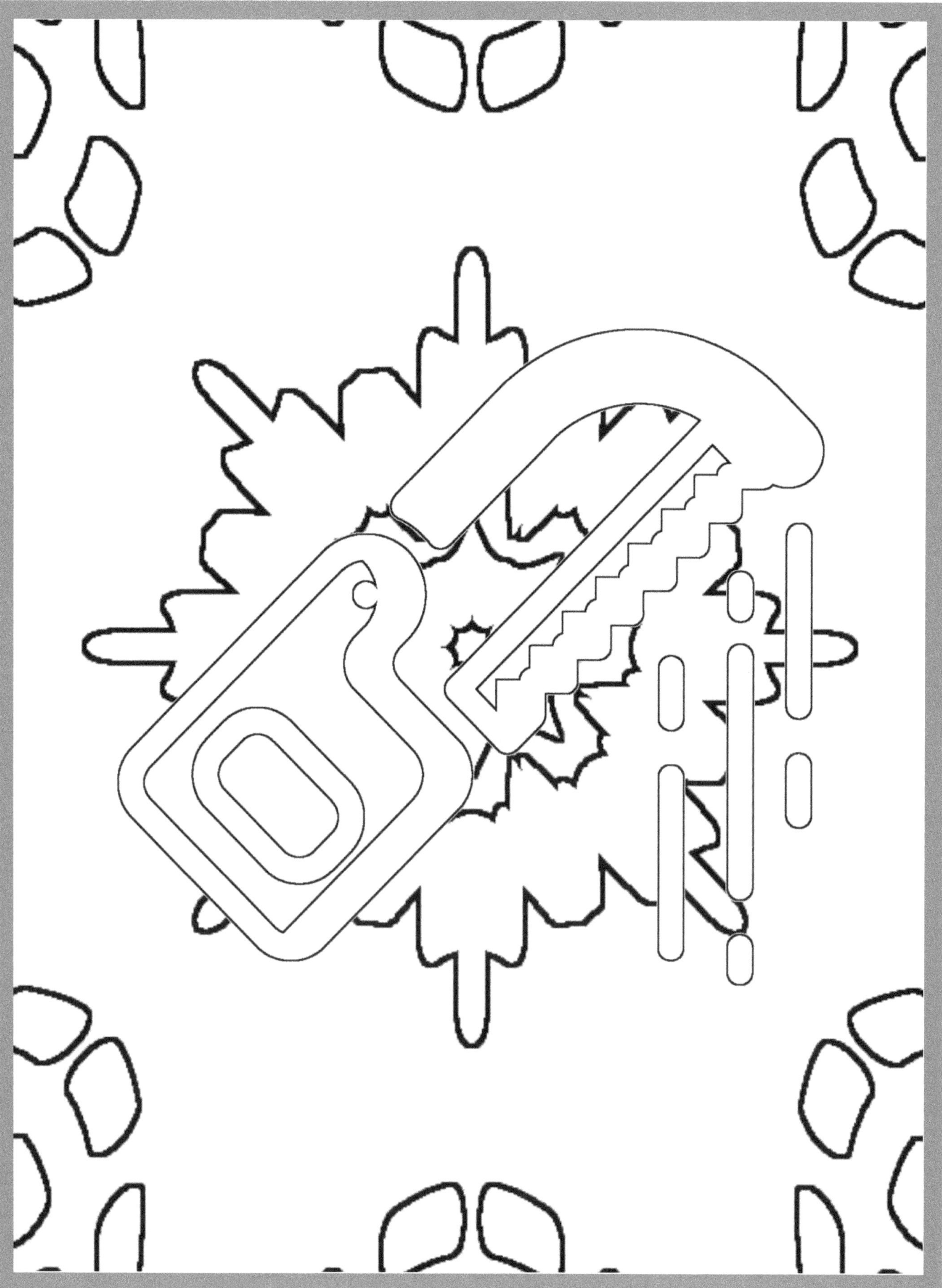

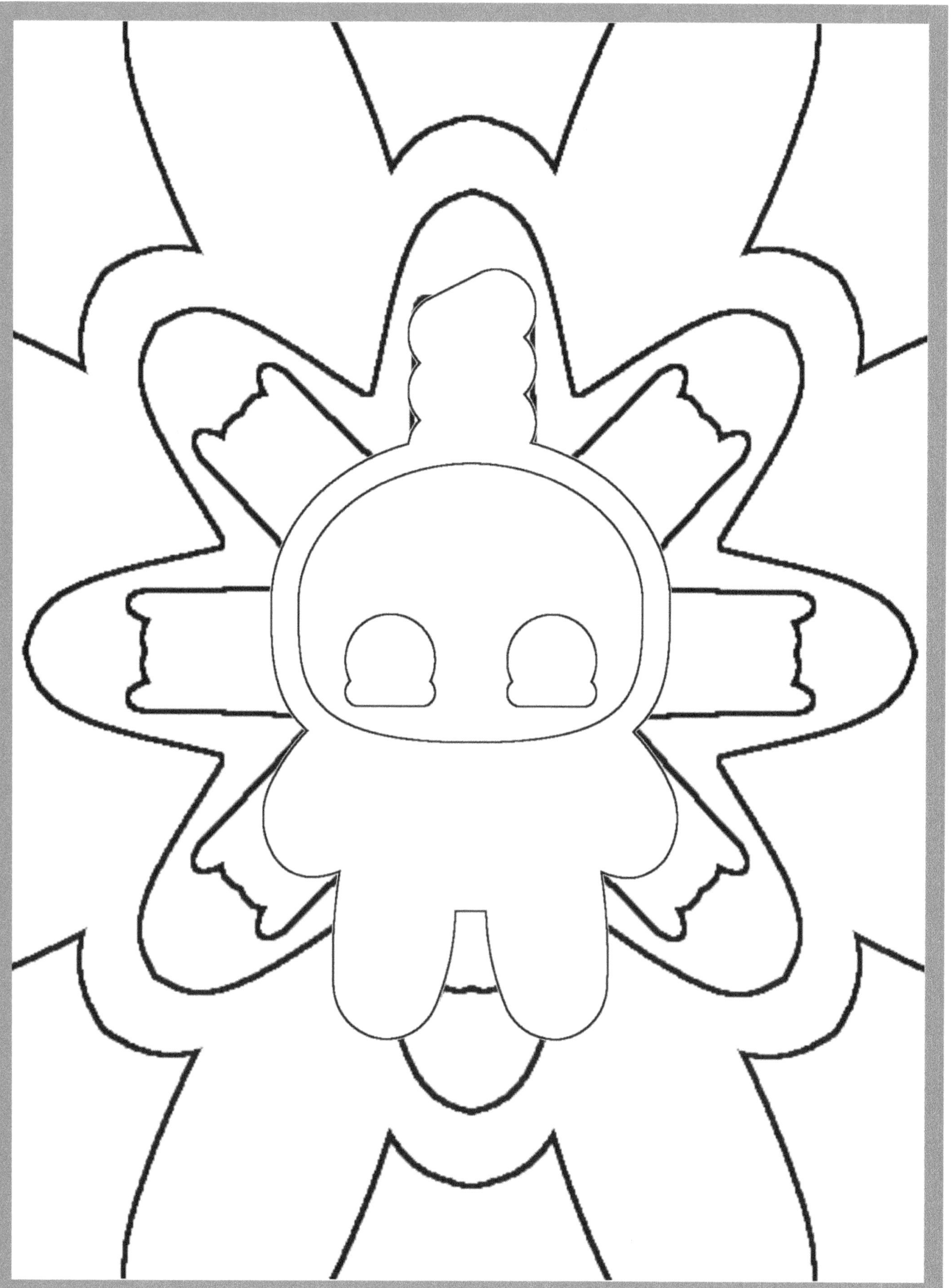

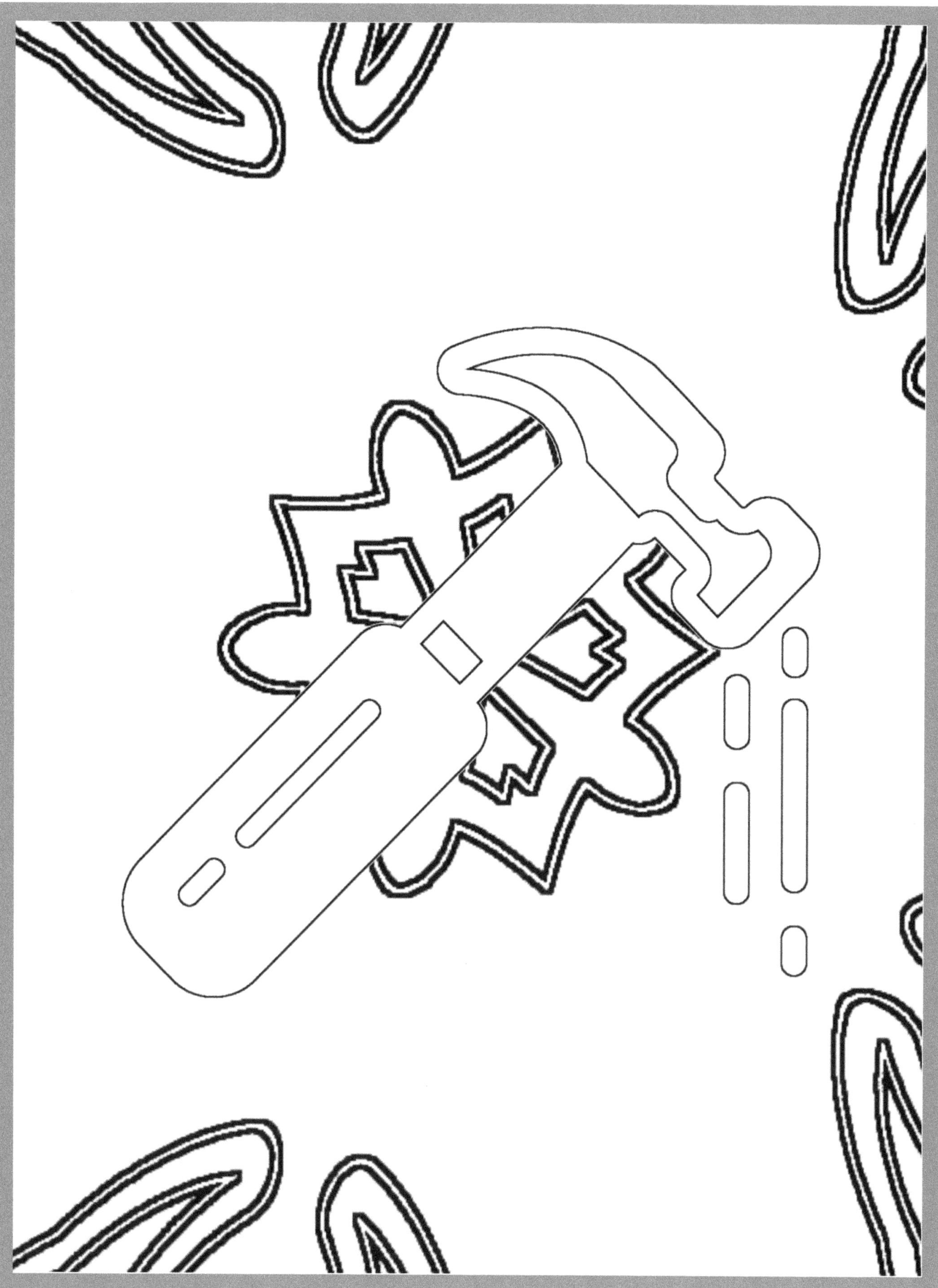

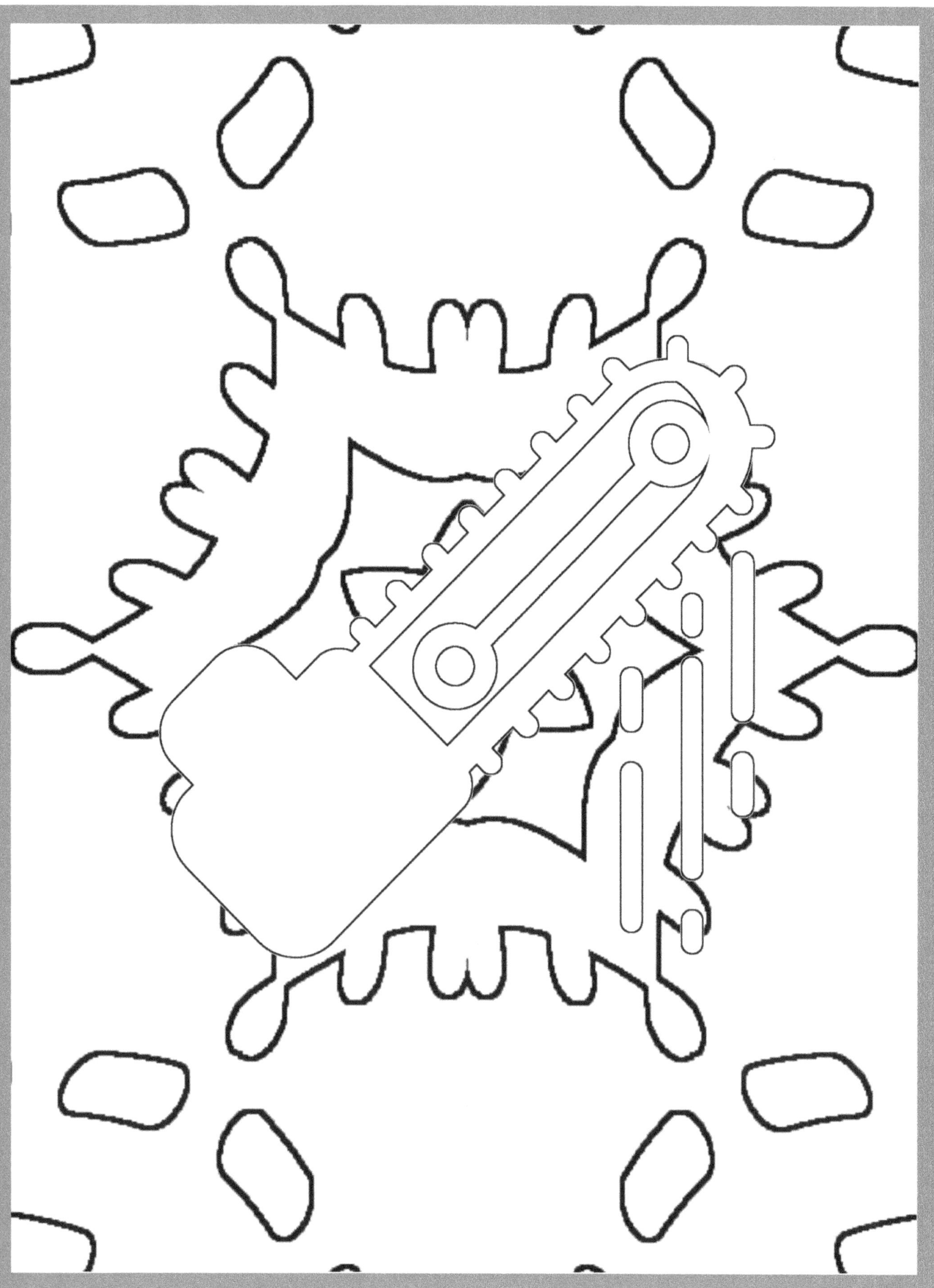

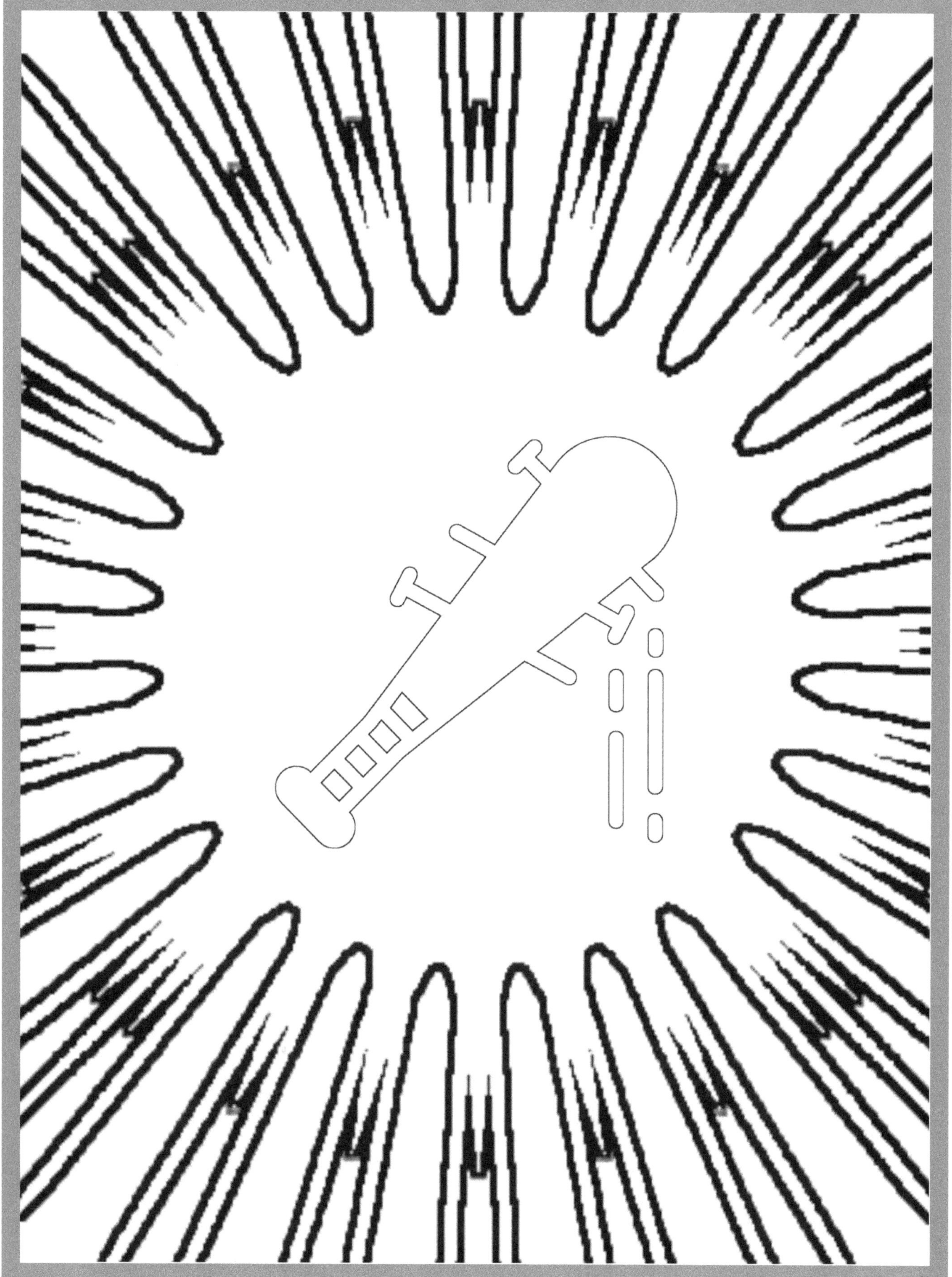

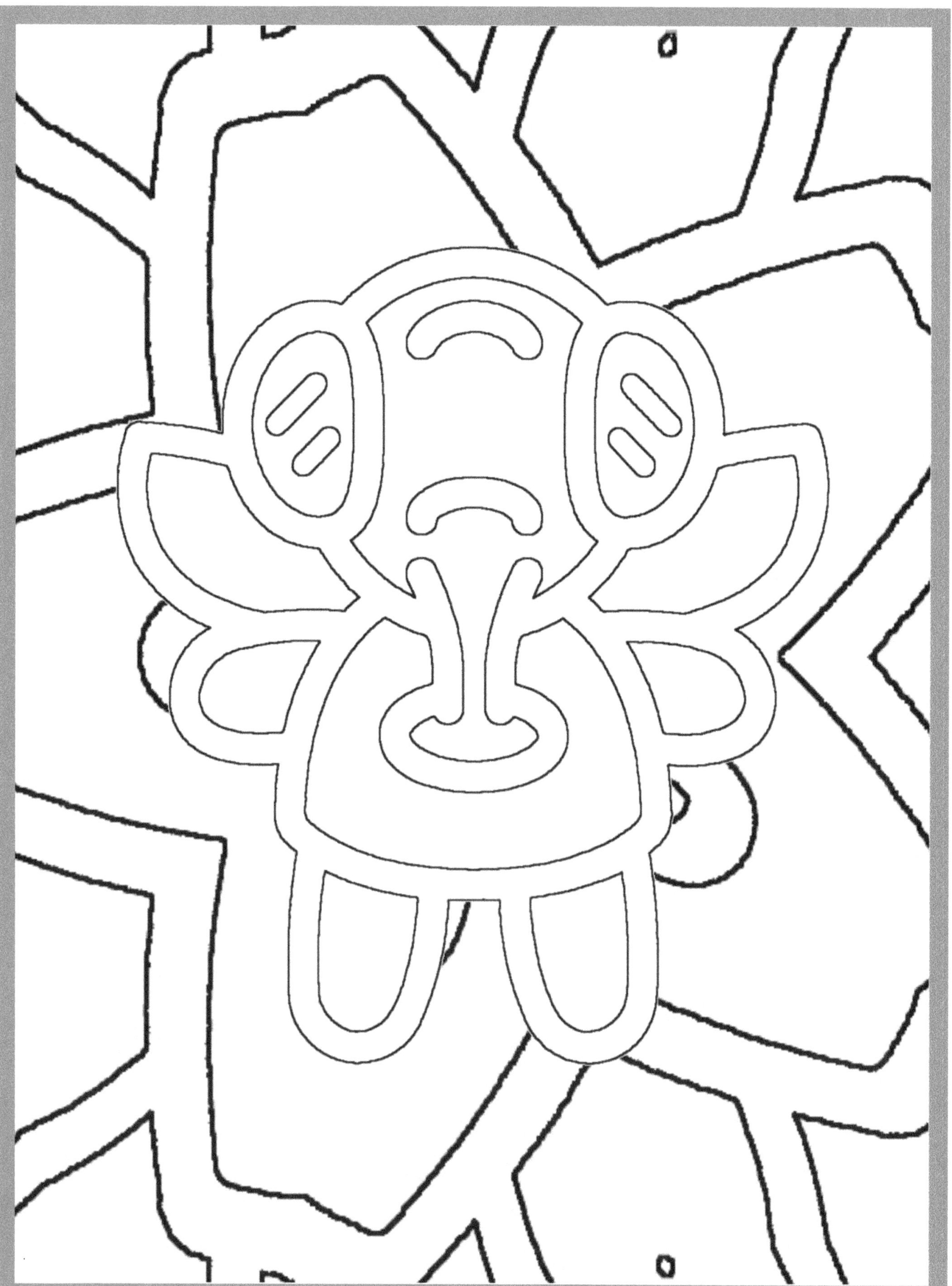

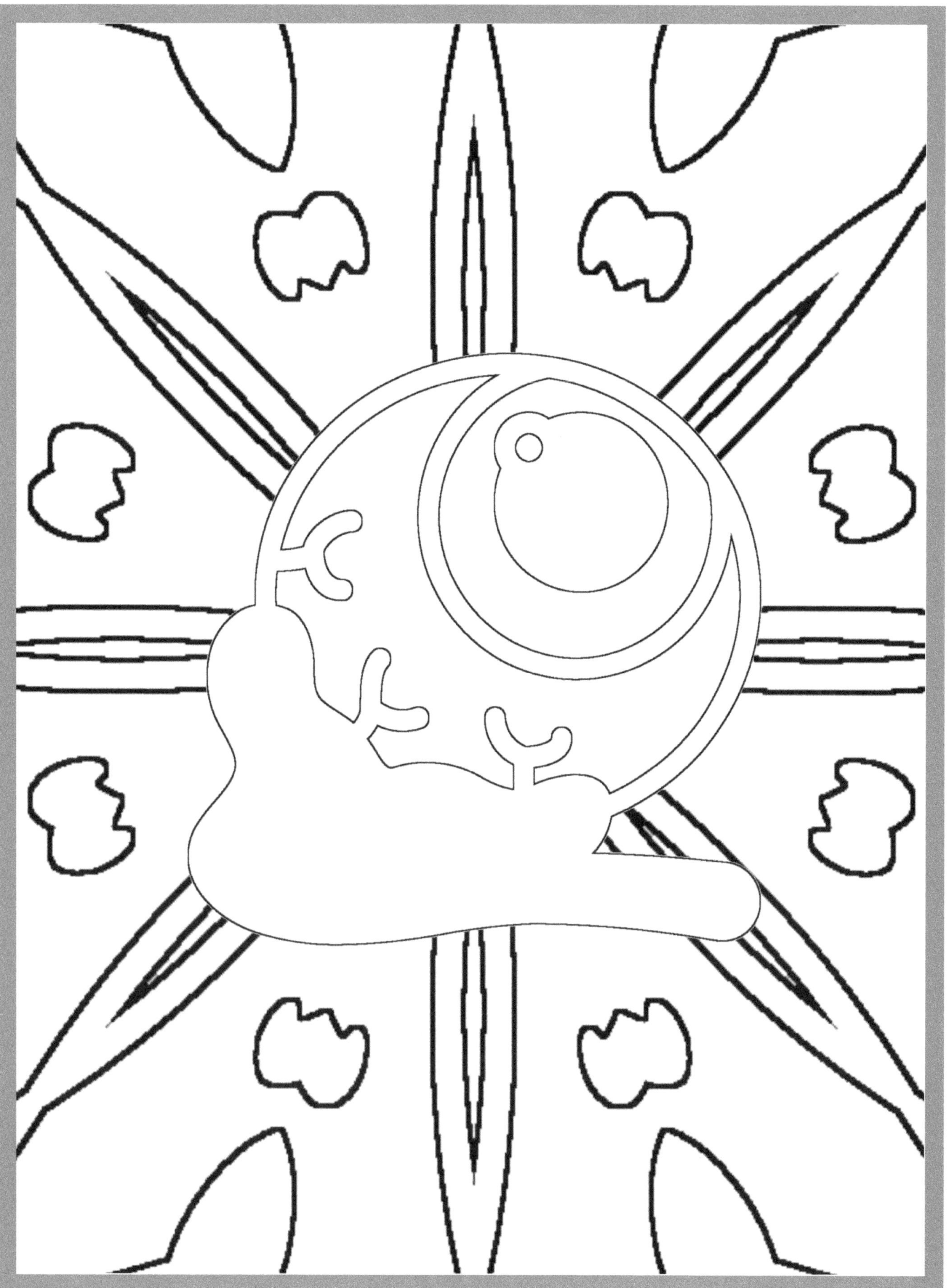

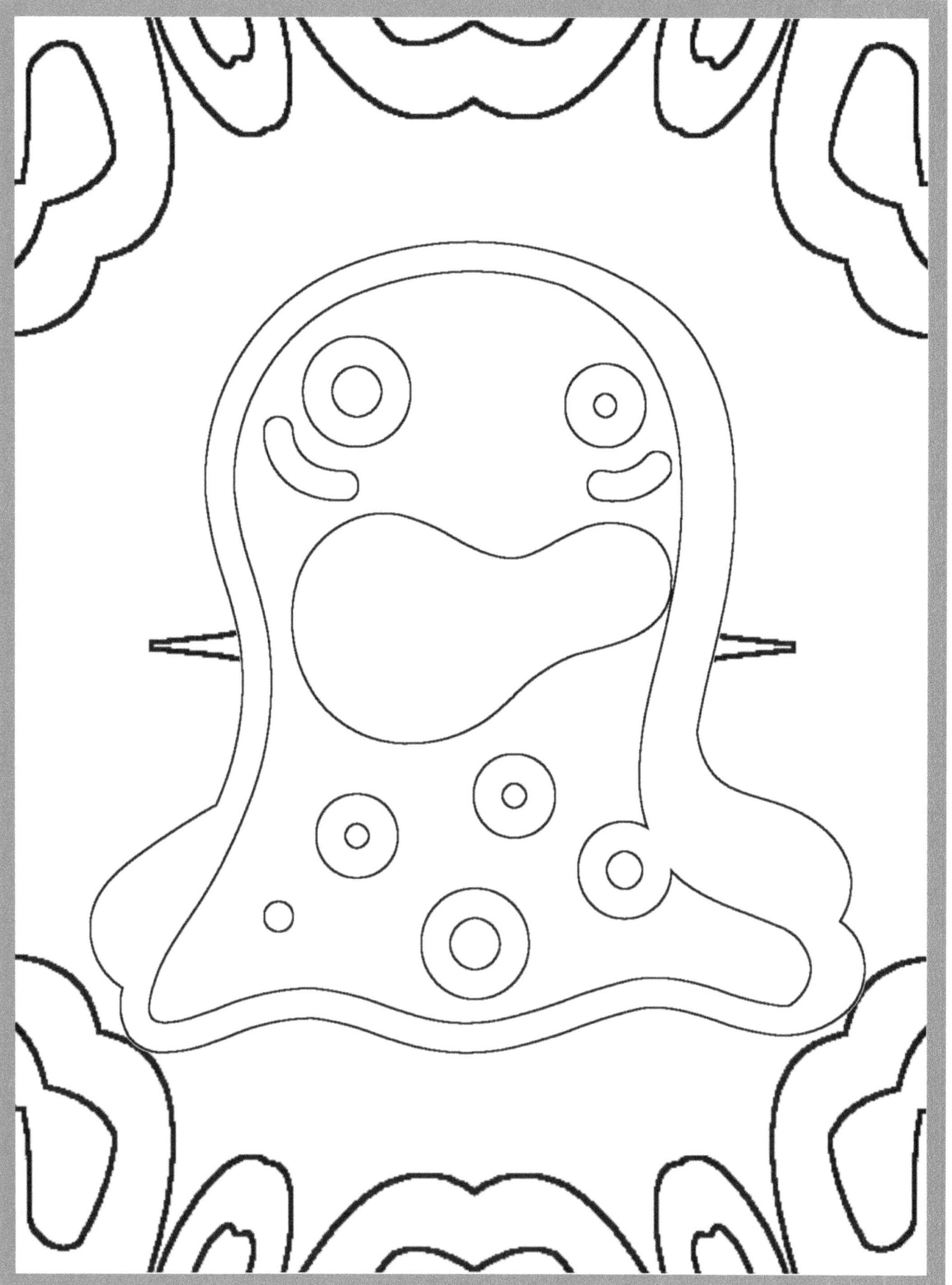

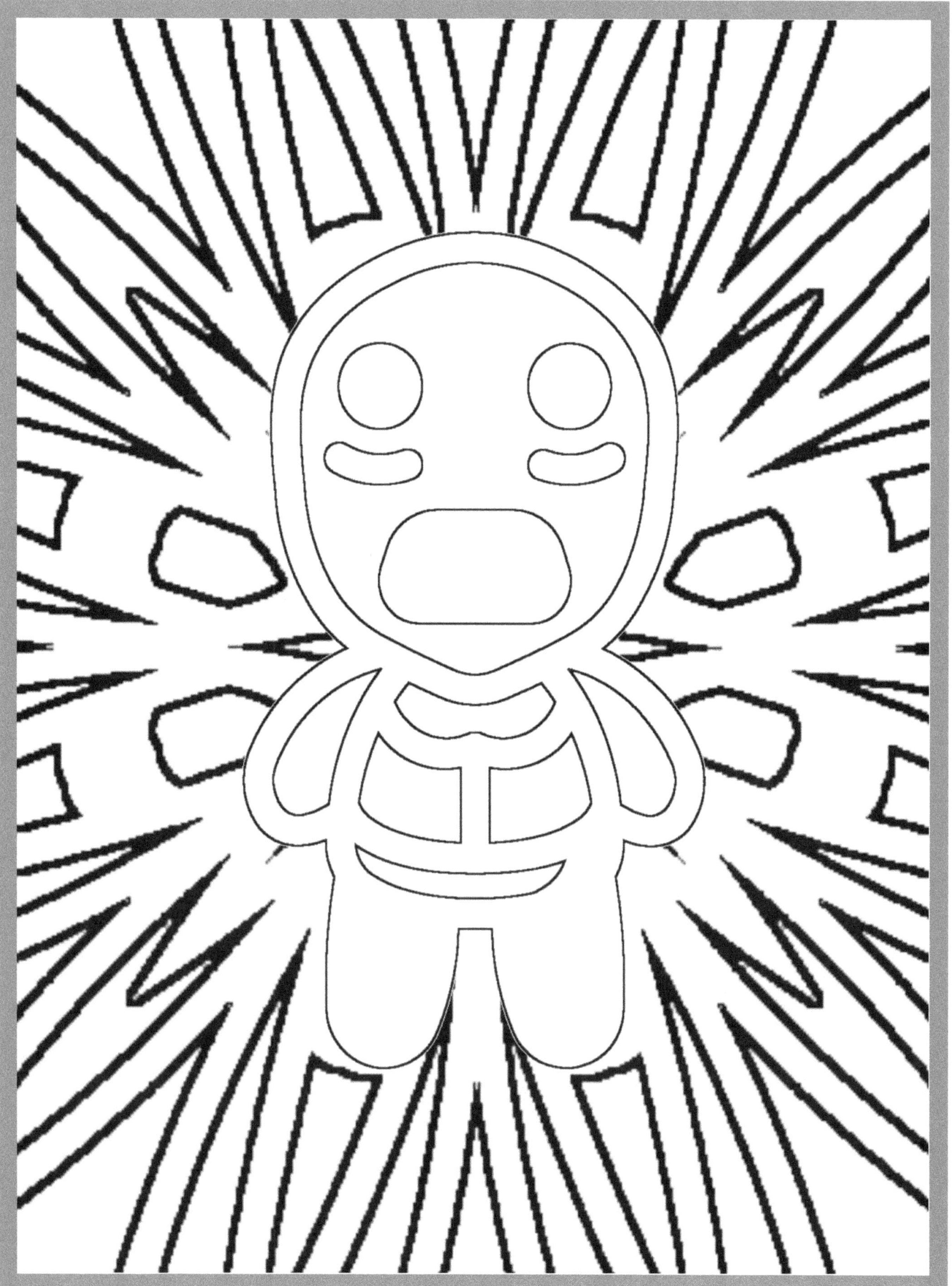

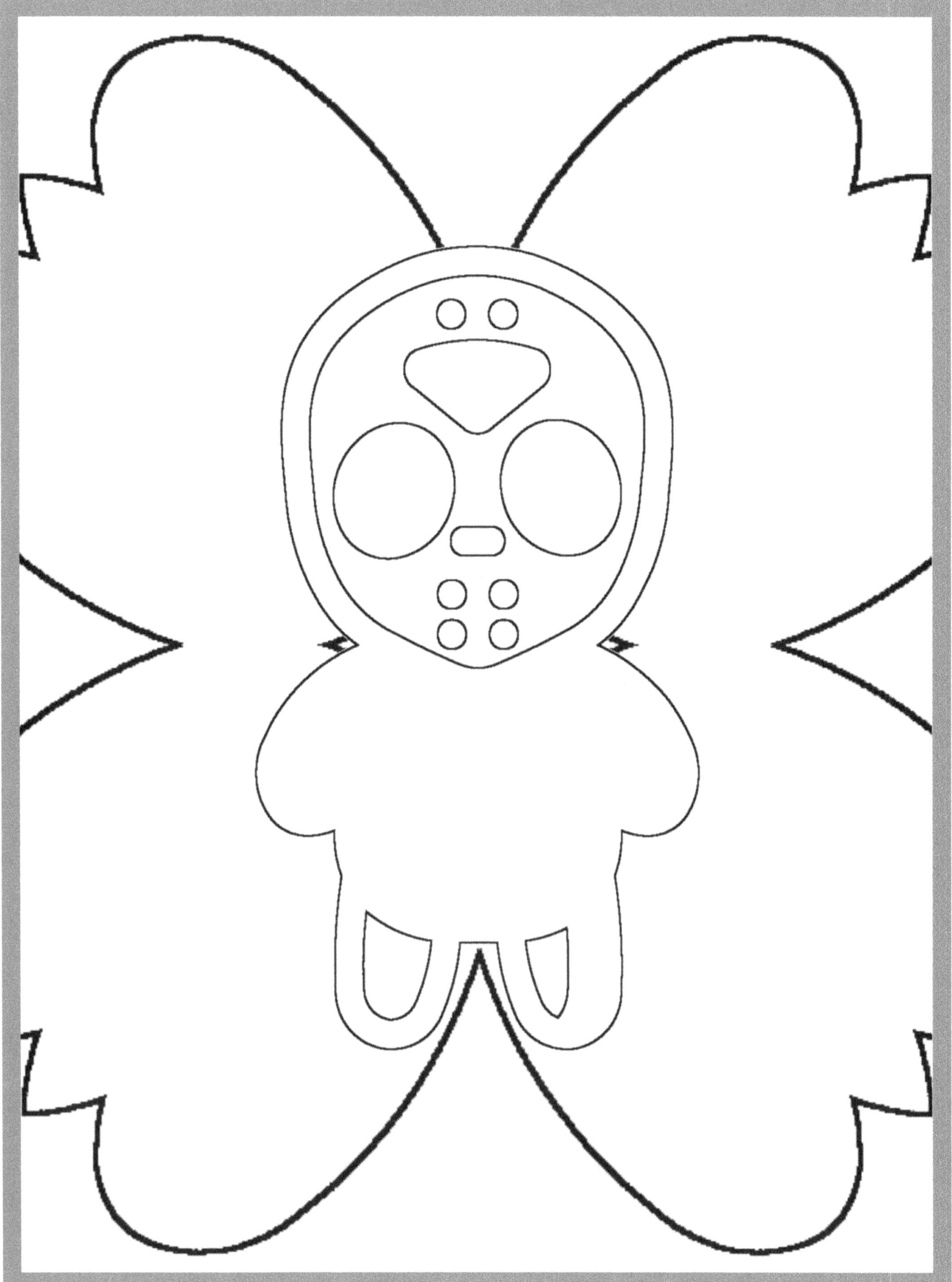

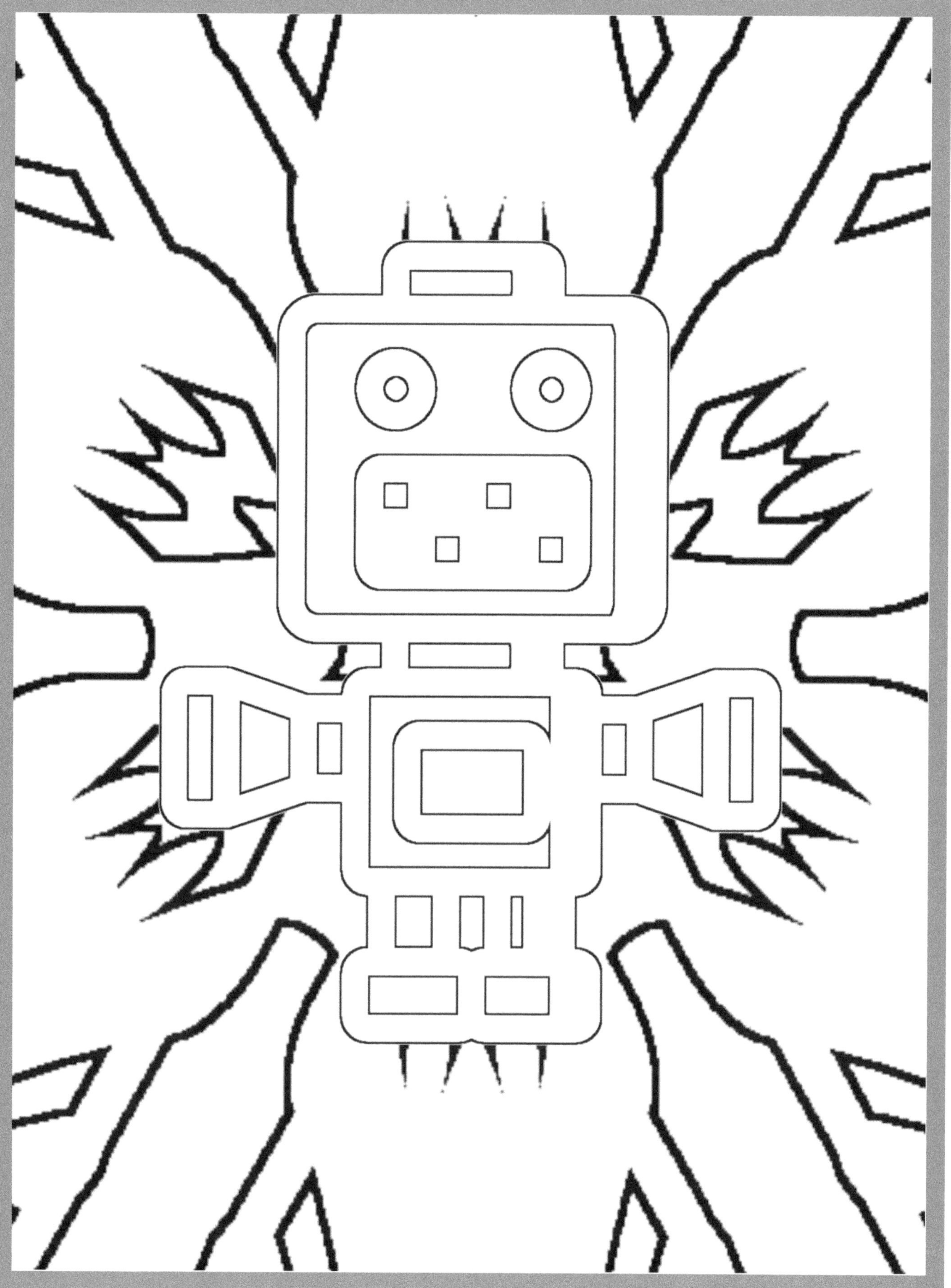

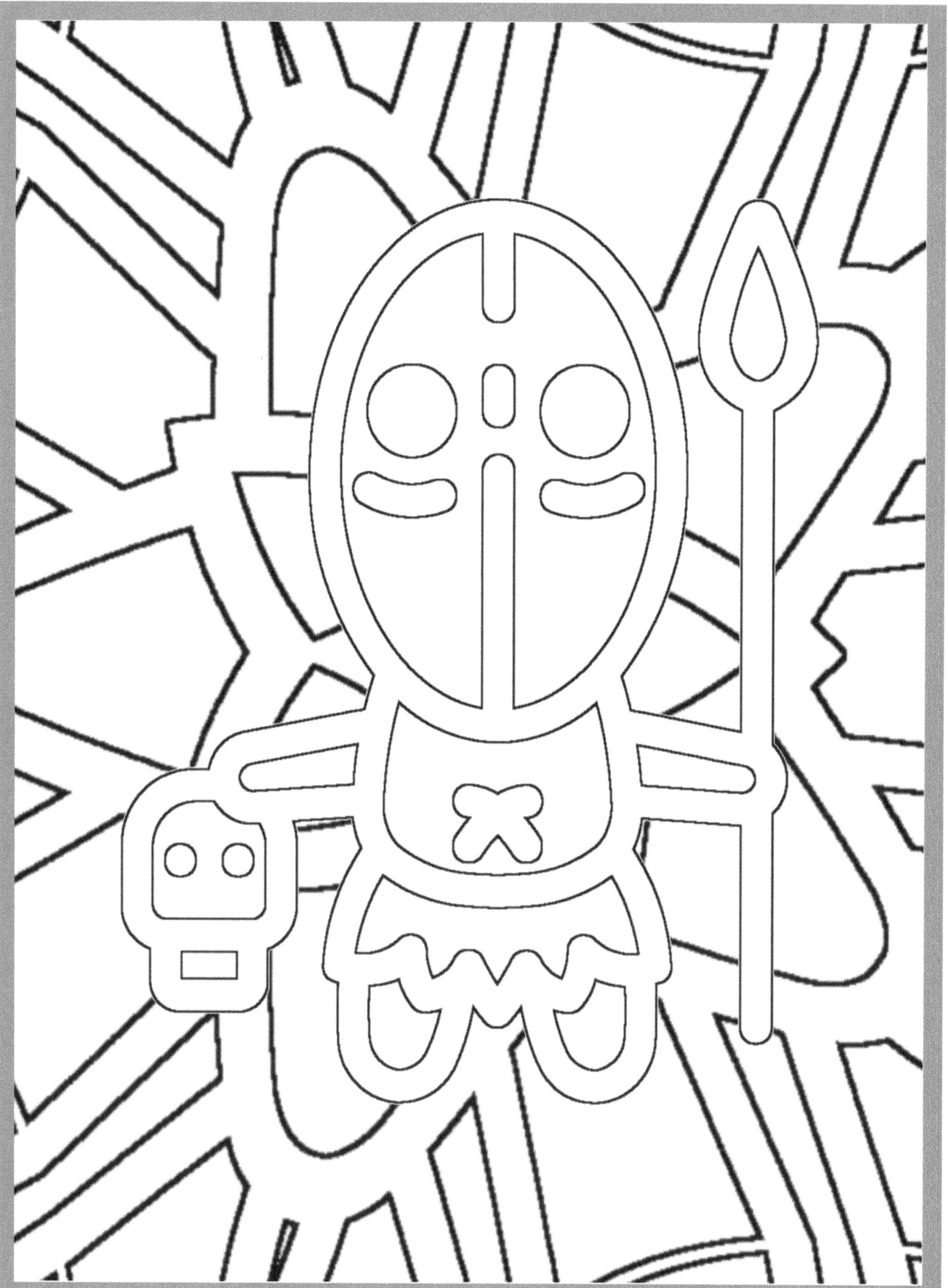

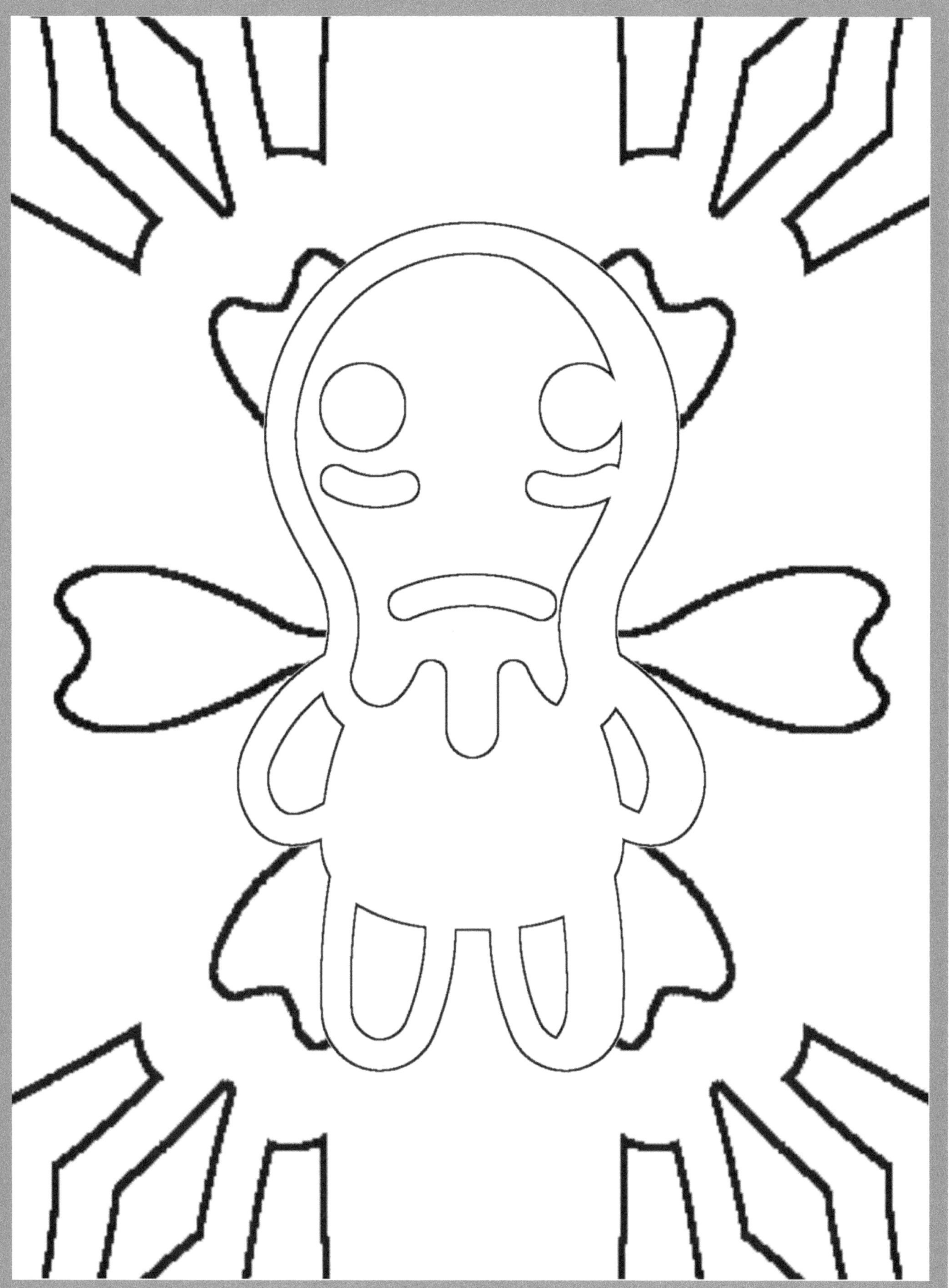

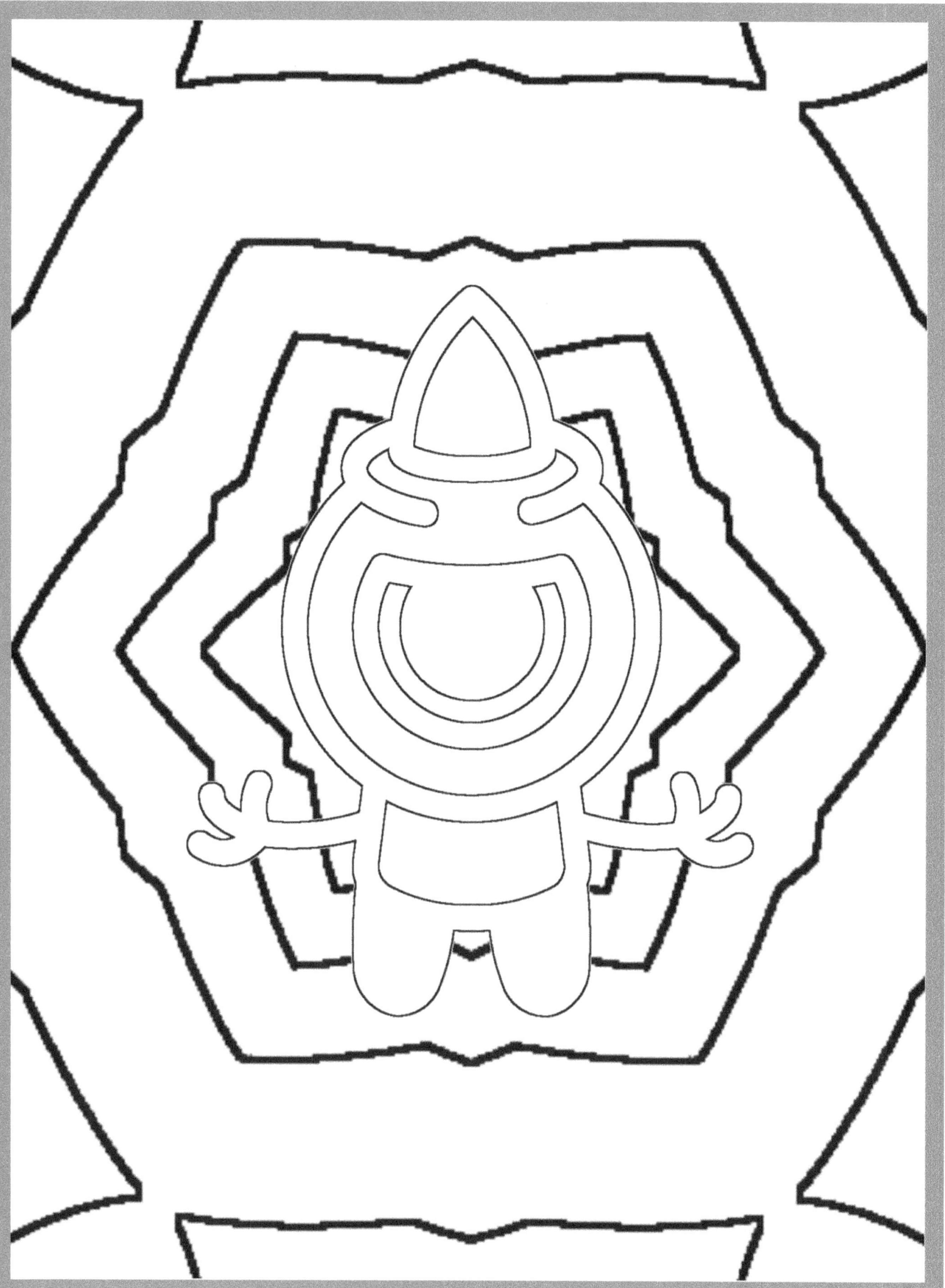

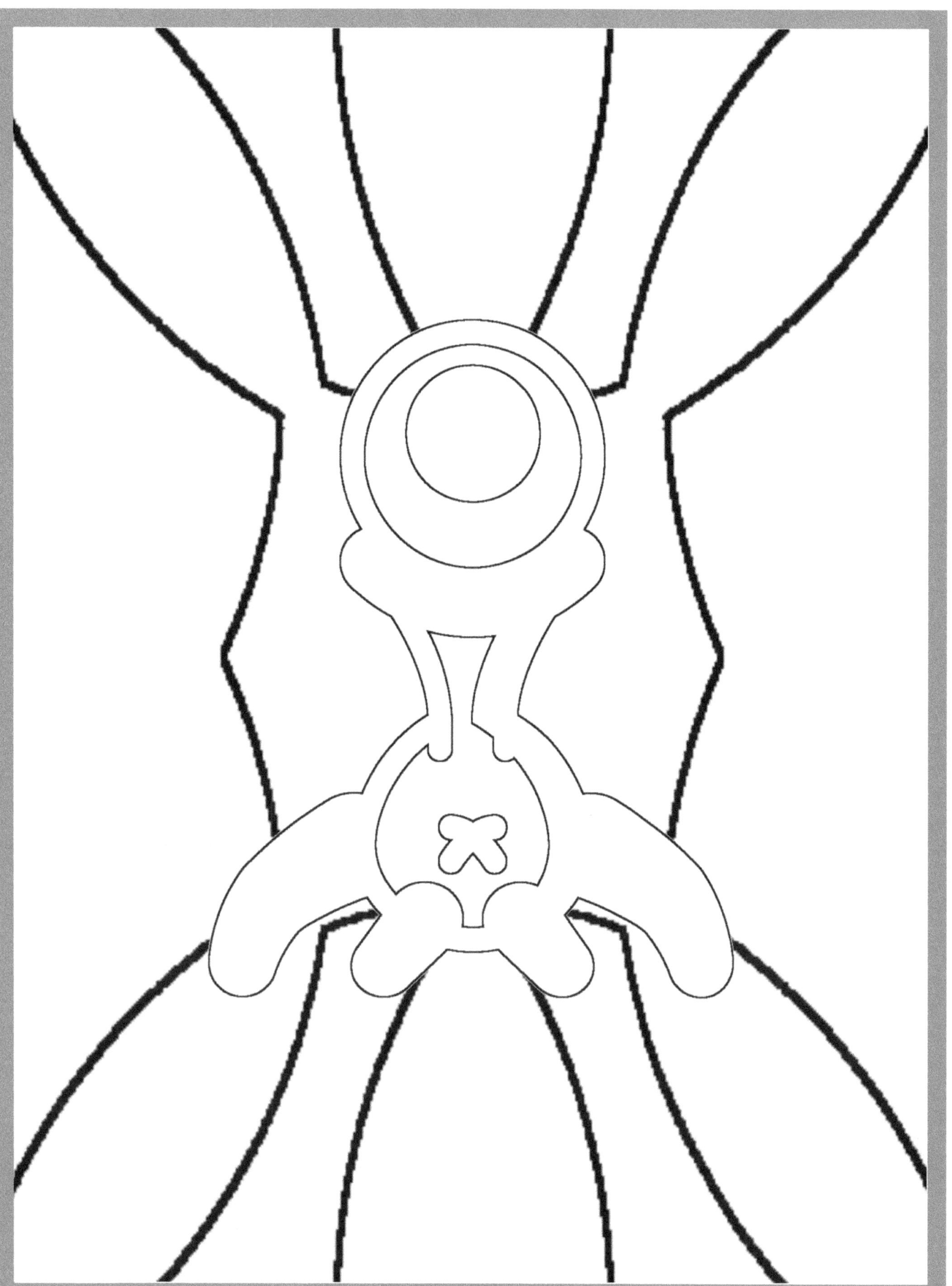

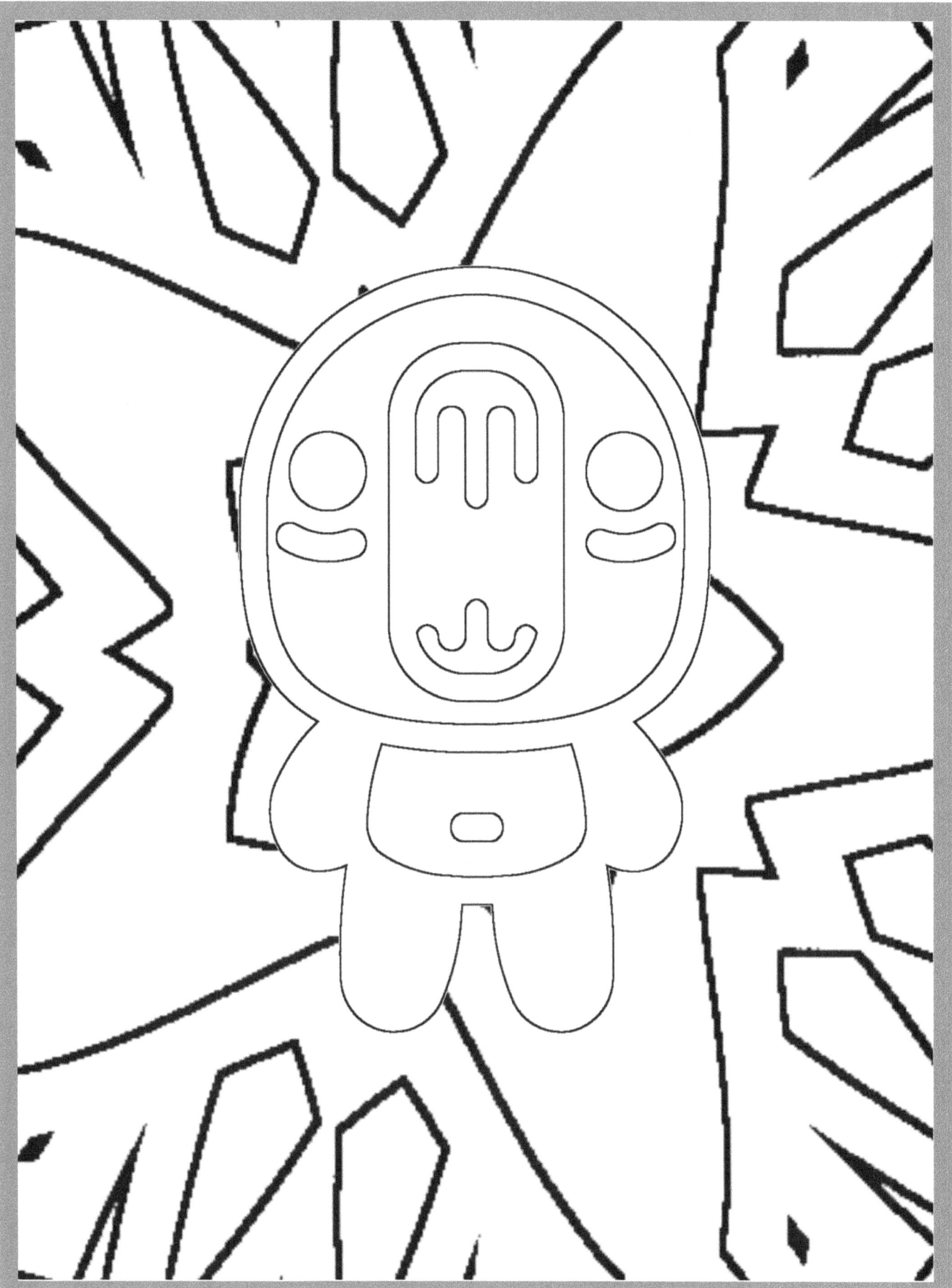

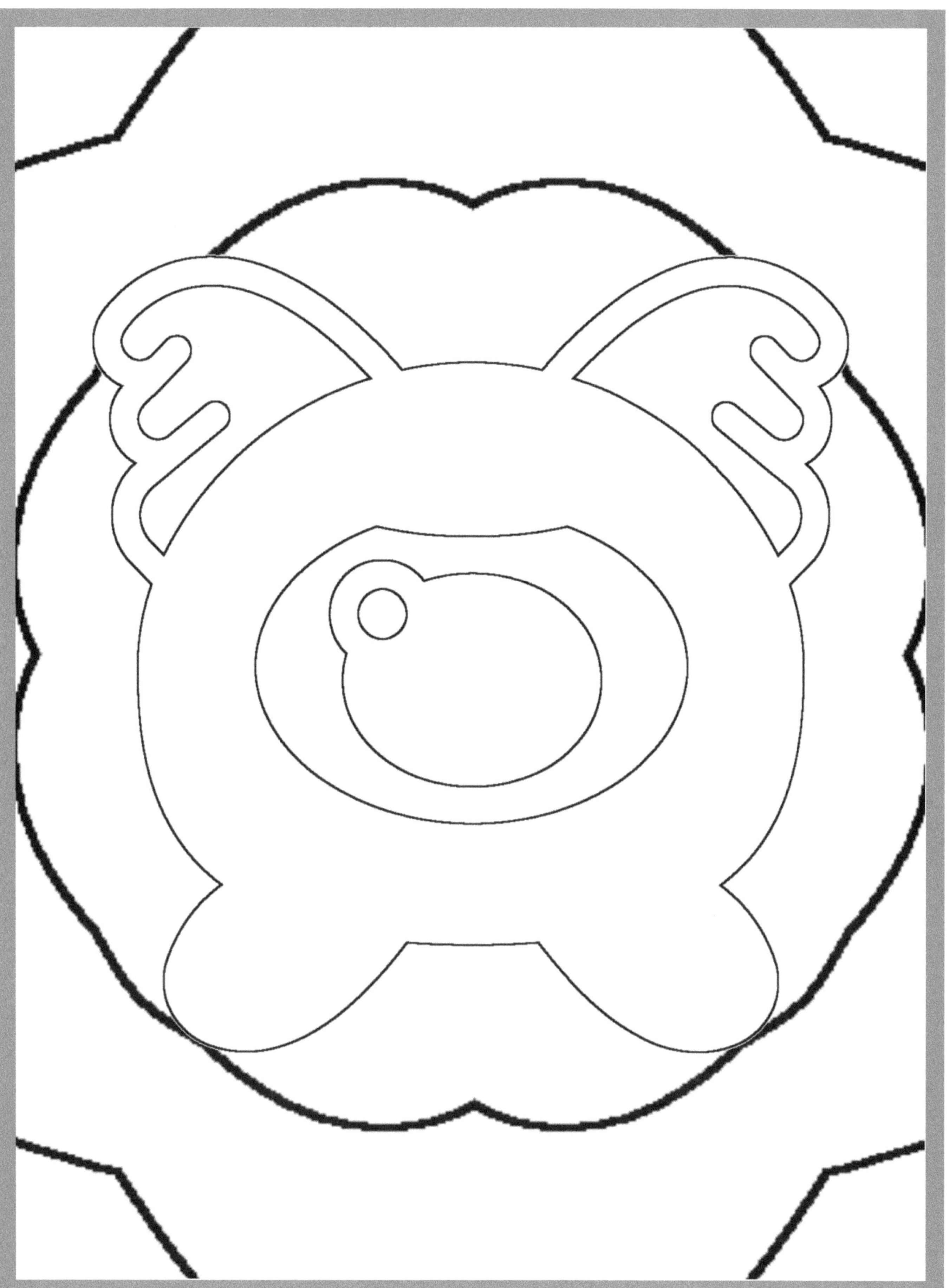

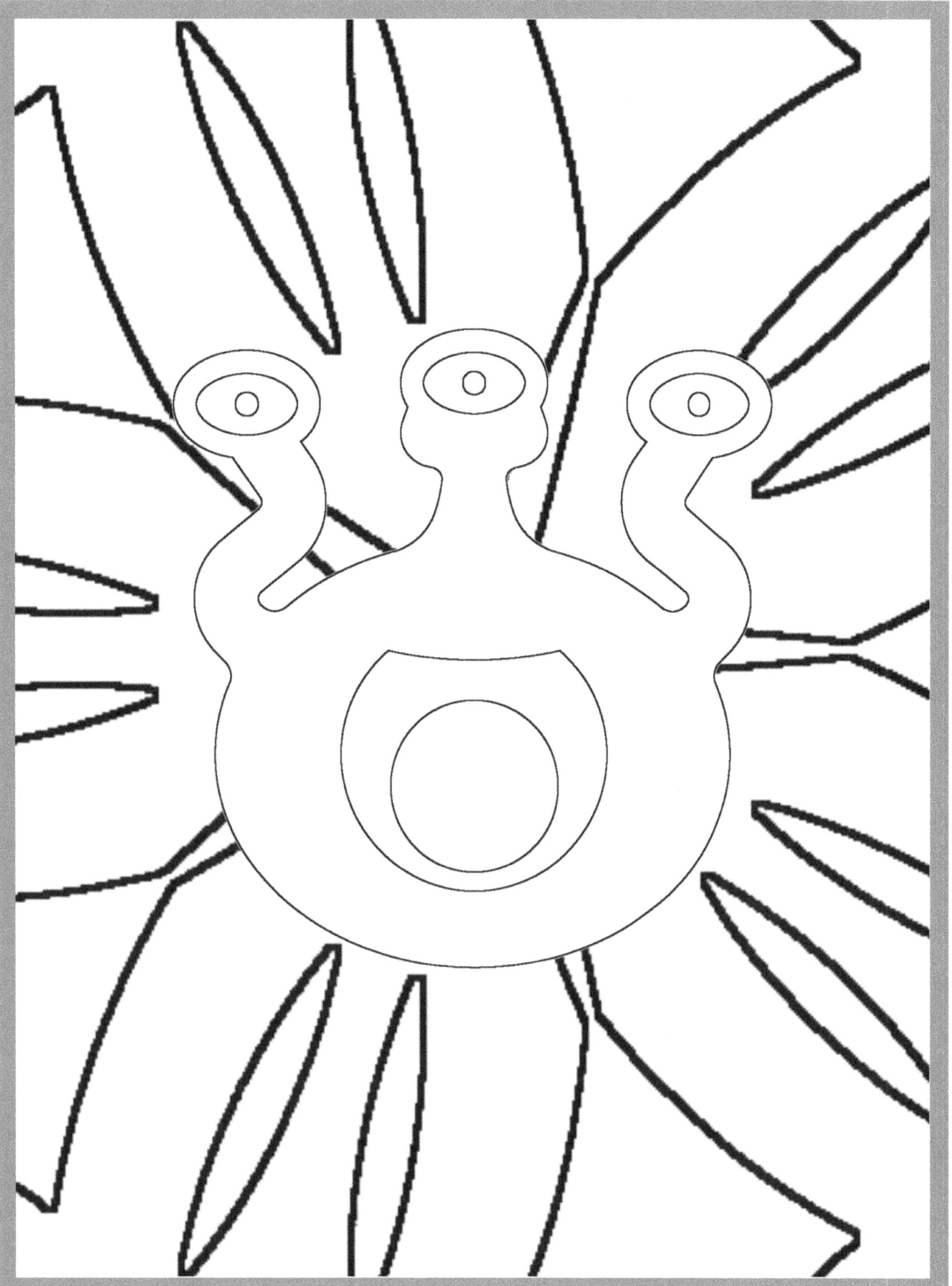

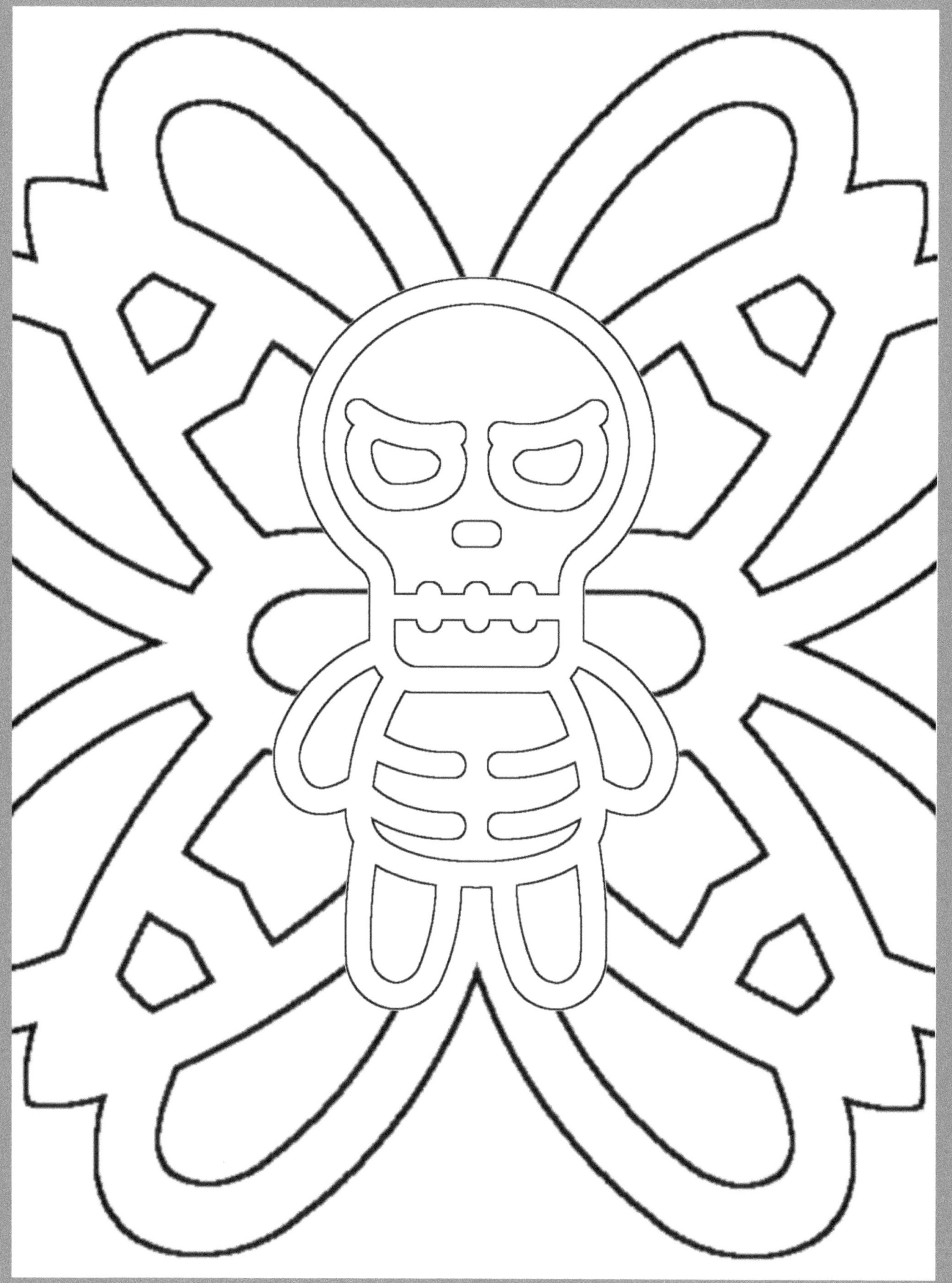

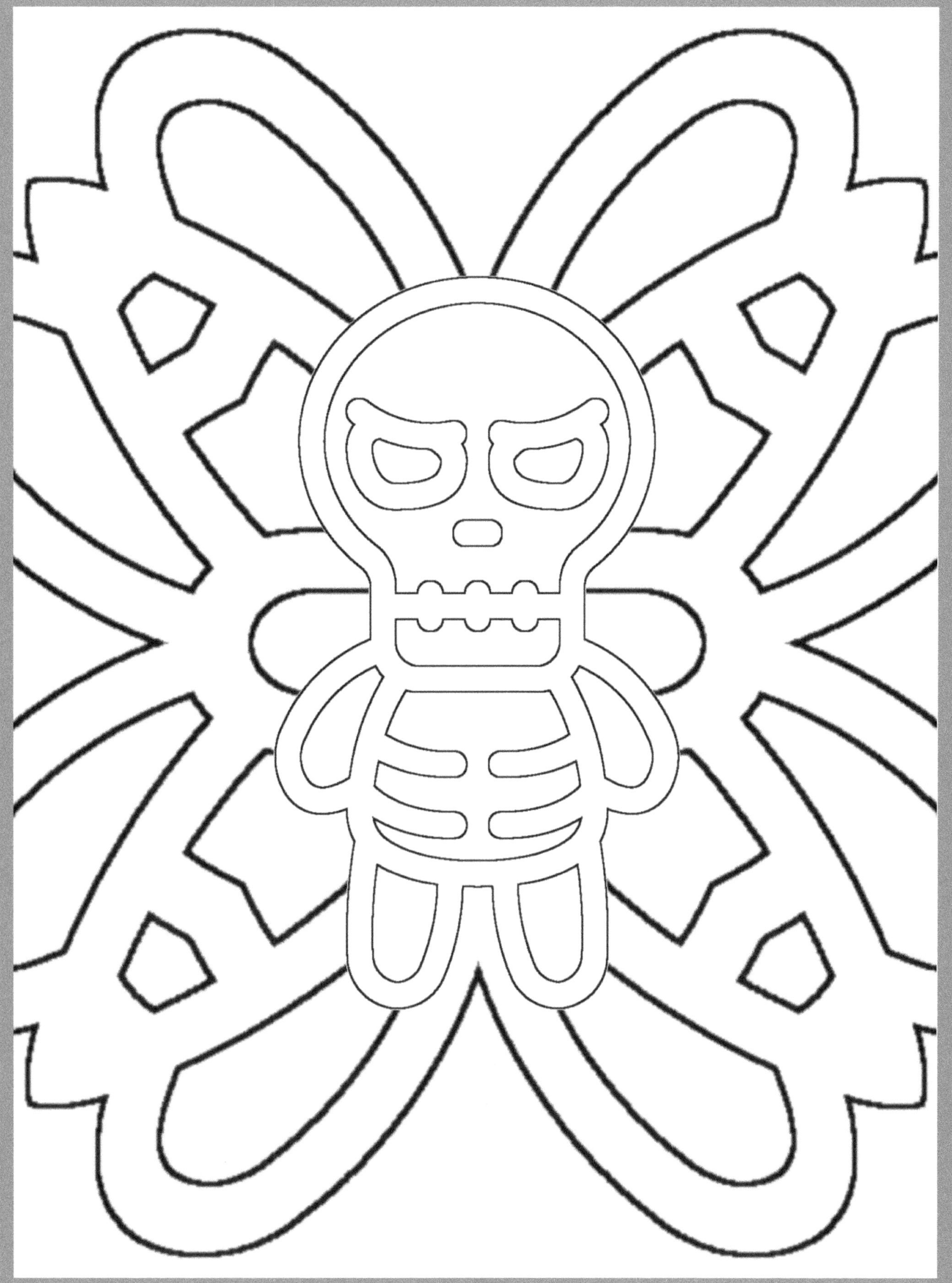

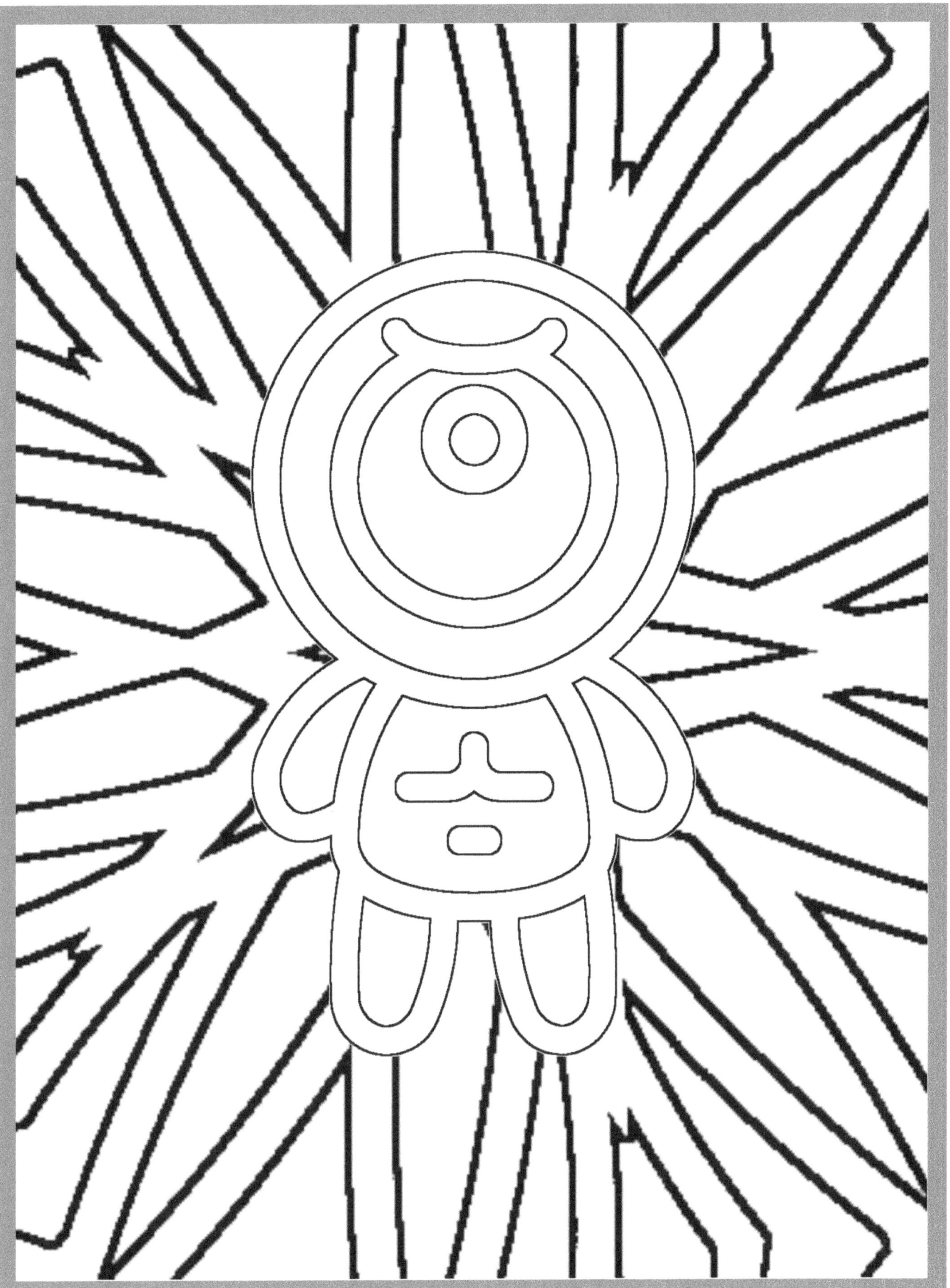

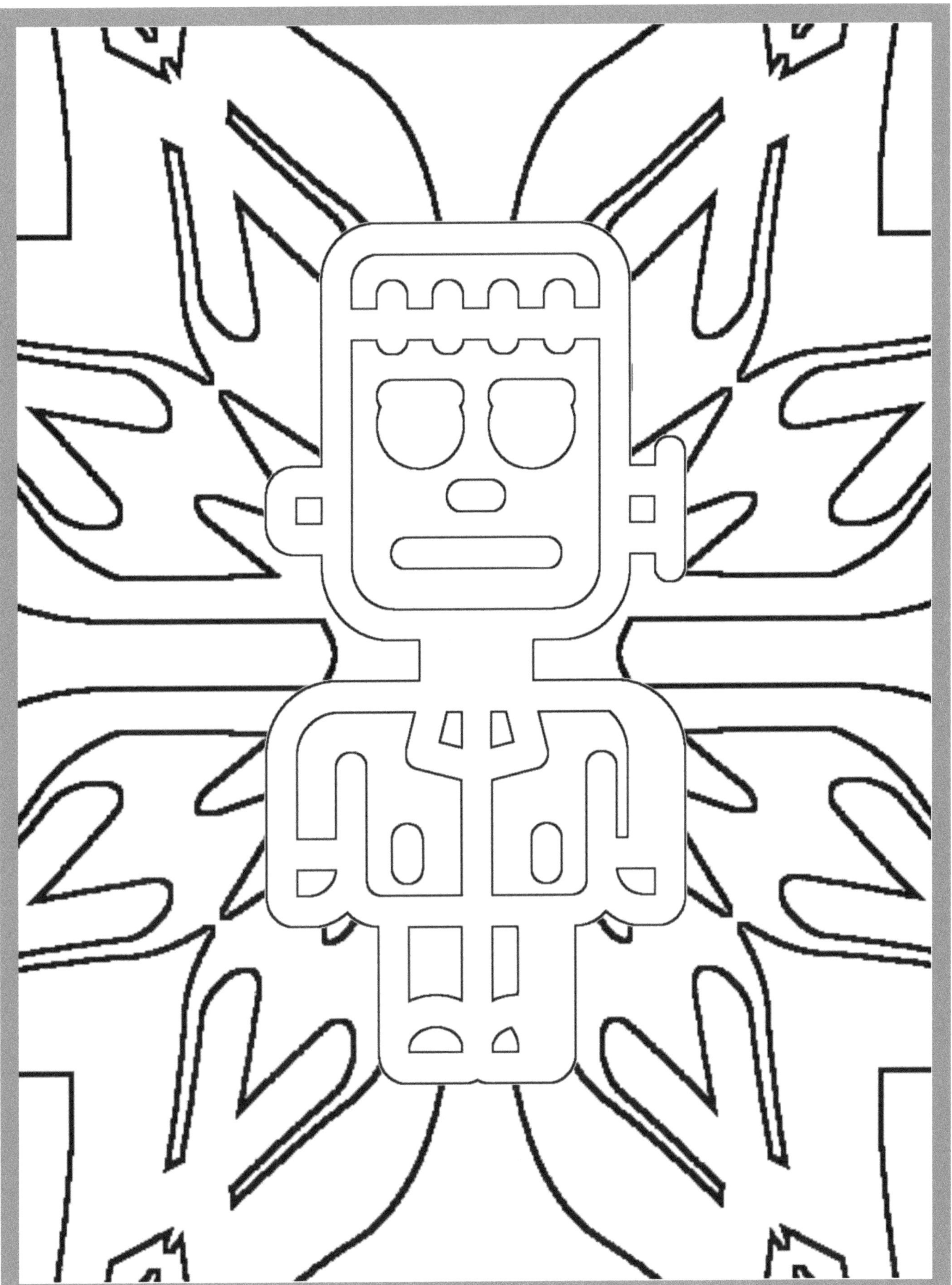

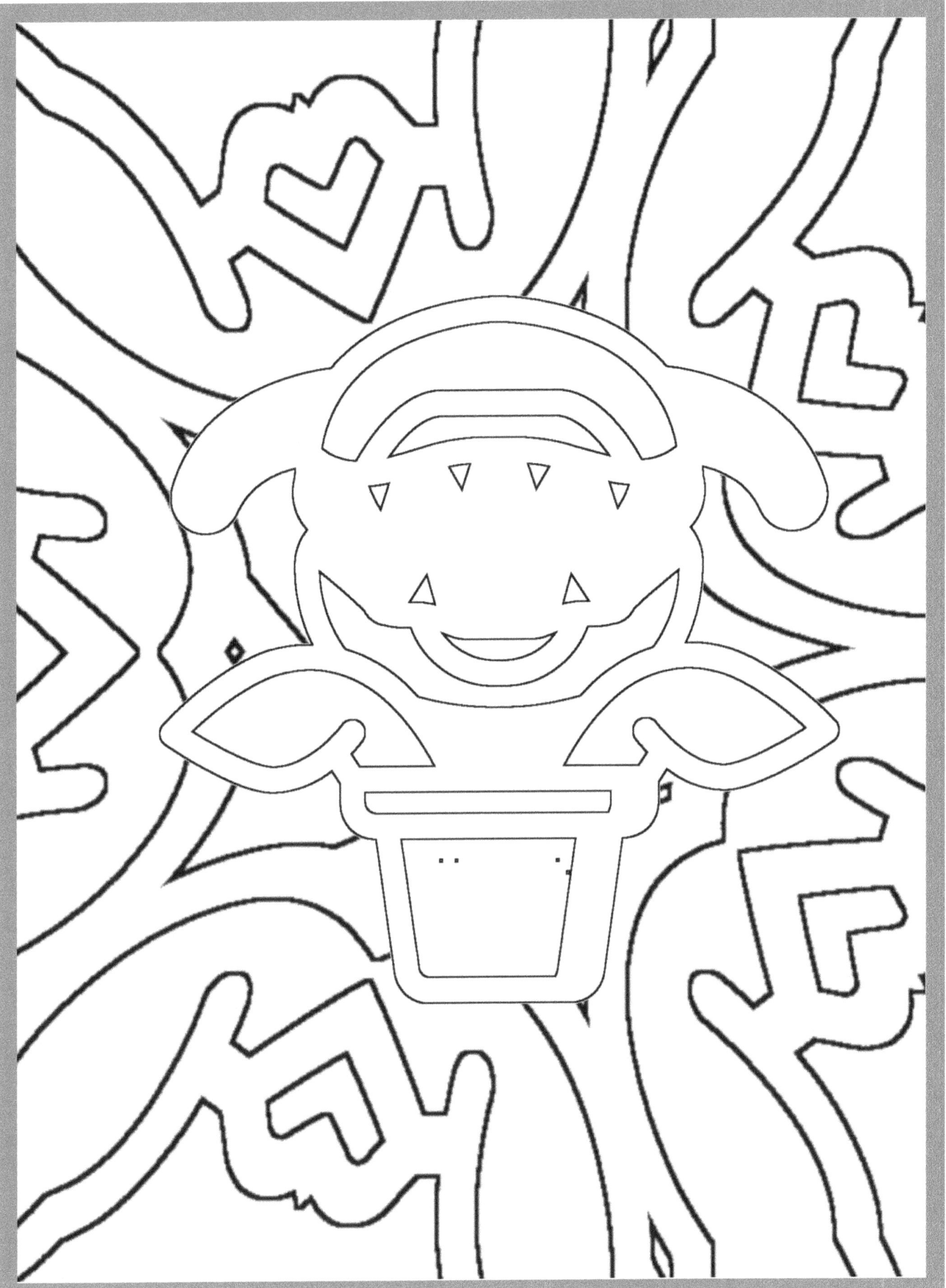

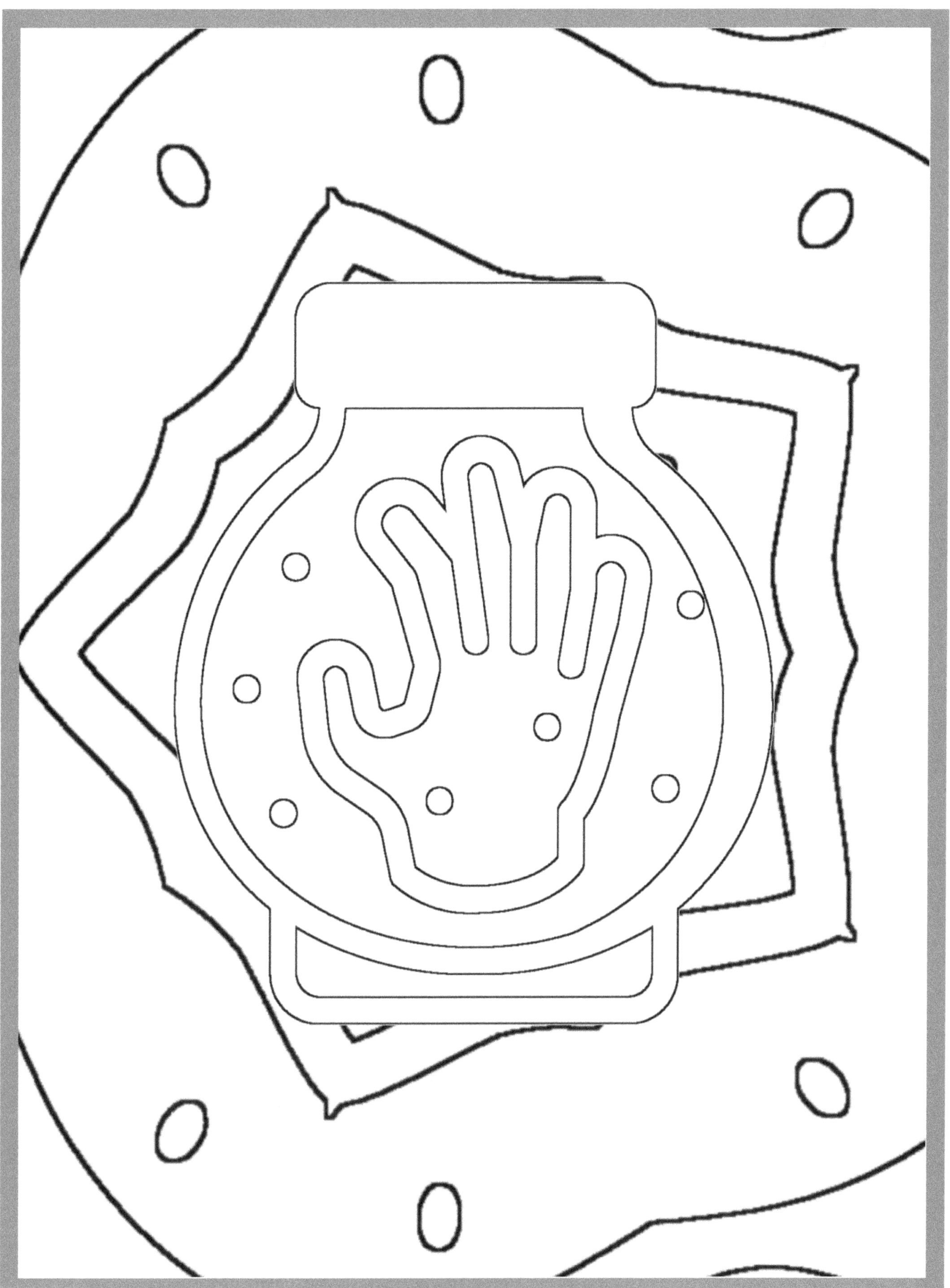

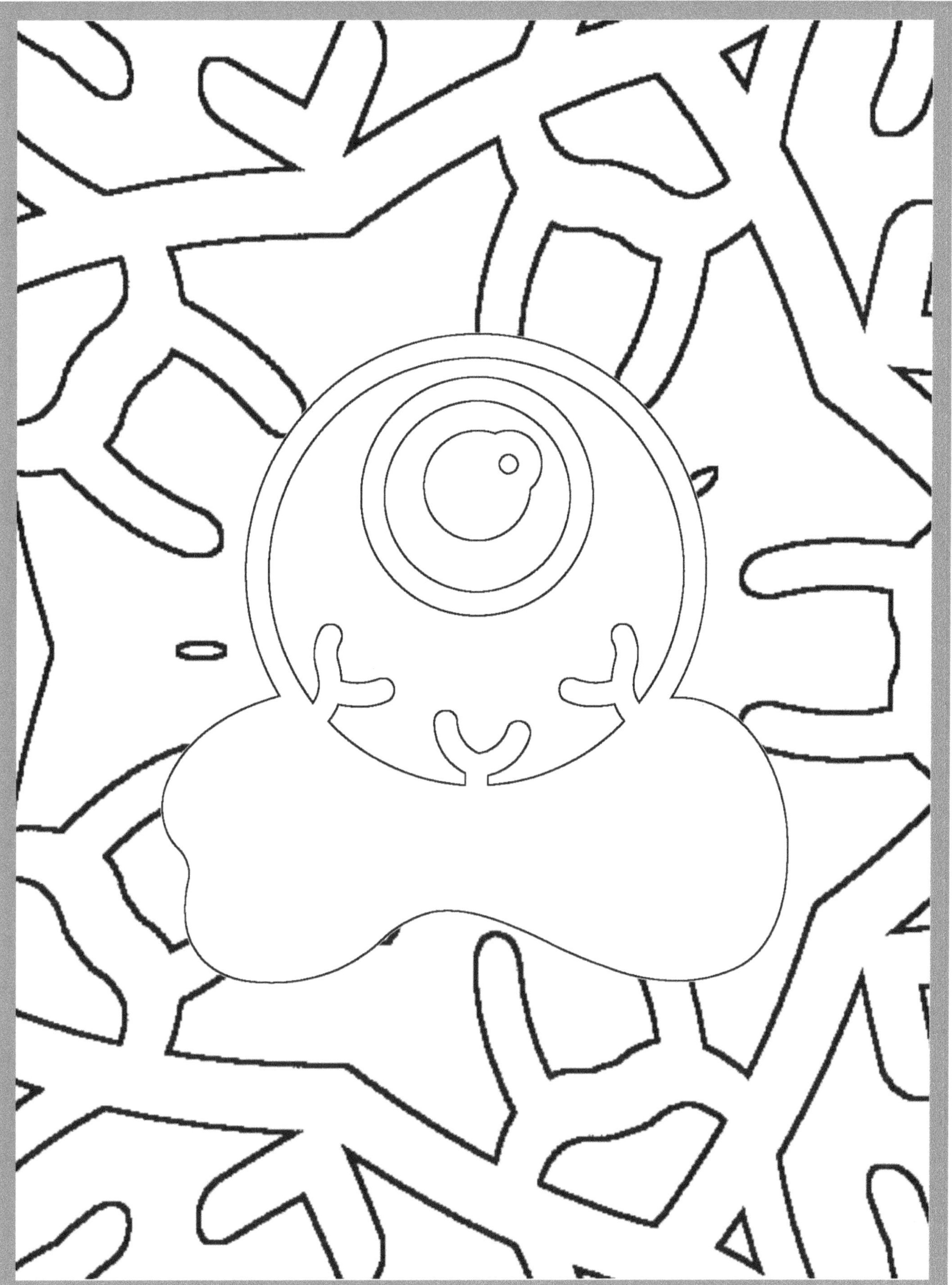

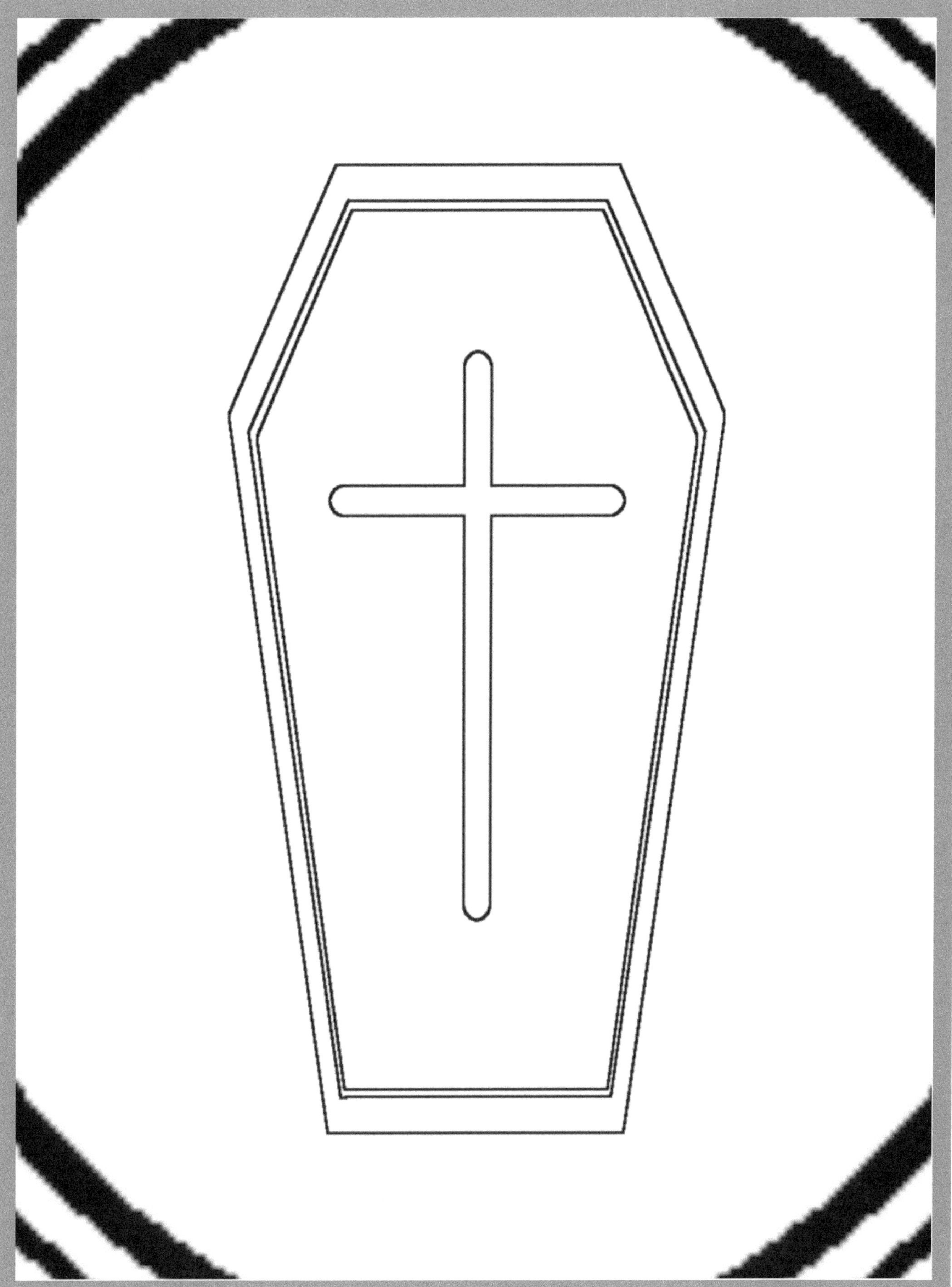